閻錫山故居所藏第二戰區史料

第二戰區之過去與現狀

Historical Documents of the Second Theater in the Yan Hsi-shan' s Residence

The Past and Present of the Second Theater

編序

呂芳上
民國歷史文化學社社長

一

閻錫山，字伯川，光緒 9 年（1883）生於山西五臺縣河邊村。先入山西太原武備學堂，後東渡日本，進入東京振武學校就讀，步兵第三十一聯隊實習，再至日本陸軍士官學校攻研。在東京時，因結識孫中山，而加入中國同盟會，從事革命工作。畢業後，返回山西，擔任山西陸軍小學教官、監督，新軍第二標教官、標統。辛亥革命爆發後，10 月 29 日，領導新軍發動起義，呼應革命，宣布山西獨立。

閻錫山自民國元年（1912）擔任山西都督起，歷任山西督軍、山西省長。國民政府北伐以後，更於民國 16 年（1927）6 月舉旗響應，擔任過國民革命軍北方總司令、國民政府委員、第三集團軍總司令、中國國民黨中央政治會議太原分會主席、軍事委員會委員、平津衛戍司令、內政部部長、蒙藏委員會委員長、中國國民黨中央執行委員、陸海空軍副總司令、軍事委員會副委員長、太原綏靖主任等職。

抗戰爆發，軍事委員會為適應戰局，劃分全國各接戰地帶，實行戰區制度，閻錫山於民國 26 年（1937）8 月 11 日就任第二戰區司令長官，統率山西軍民對抗日軍侵略，雖軍力落差，山西泰半淪陷，但閻錫山幾乎都坐鎮在司令長官部，民國 38 年（1949）接掌中央職務之前，沒有離開負責的防地。

抗戰勝利後，閻錫山回到太原接受日本第一軍司令官澄田睞四郎的投降，擔任山西省政府主席、太原綏靖公署主任。民國 38 年（1949）6 月，在風雨飄搖中接任行政院院長，並兼任國防部部長，從廣州、重慶、成都到臺北，締造個人政治生涯高峰。39 年（1950）3 月，蔣中正總統復行視事，政局穩定後，率內閣總辭，交棒給陳誠。

從辛亥革命起，閻錫山在山西主持政務，既為地方實力派人物，矢志建設家鄉，故嘗大力倡導軍國民主義，推行六政三事，創立村政，推動土地改革、兵農合一等制度，力圖將山西建立為中華民國的模範省。此期間，民國政治雲翻雨覆，未步軌道，許多擁有地方實權者，擅於玩弄權力遊戲，閻氏亦不能例外。

民國 39 年（1950）3 月，閻錫山卸下閣揆後，僅擔任總統府資政，隱居於陽明山「種能洞」。在人生中的最後十年，悉心研究，著書立說。民國49年（1960）5 月病逝，葬於陽明山故居之旁。

二

閻錫山一向重視個人資料之庋藏，不只廣為蒐集，且善加整理保存。其個人檔案於民國 60 年（1971）移交國史館以專檔保存，內容包括「要電錄存」、「各方往來電文」、日記及雜件等，均屬民國歷史重要研究材料。民國 92 年（2003）國史館曾就閻檔 27 箱，選擇「要電錄存」，編成《閻錫山檔案》十冊出版，很引起學界重視。這批史料內容起於民國元年（1912）迄於民國 15 年（1926），對 1910 年代、1920 年代北京政局變換歷史的了解，很有幫助。

民國歷史文化學社致力於民國史史料的編纂與出版，近年得悉閻錫山在臺北故居存有閻錫山先生所藏親筆著作、抗戰史料、山西建設史料等豐富典藏，對重構民國時期山西省政輪廓，尤見助益，本社遂極力爭取，進而出版以嘉惠士林。民國 111 年（2022），本社承臺北市政府文化局與閻伯川紀念會之授權，首先獲得機會出版「閻錫山故居所藏第二戰區史料」叢書，內容包含抗戰時期第二戰區重要戰役經過、第二戰區的經營、第二戰區重要人物錄、第二戰區為國犧牲軍民紀實，以及第二戰區八年的大事記等，均屬研究第二戰區與華北戰場的基本重要資料。

三

最近幾年海峽兩岸競相出版抗戰史料，對抗戰史之研究，雖有相當幫助，但許多空闕猶待彌補，即以戰區設立為例，是政府為考量政治、補給、戰略與戰術需要而設立的制度，初與軍委會委員長行營並行，其規模與人事，常隨著時局、情勢有所變動。民國 26 年（1937）8 月設有第一至第九戰區、一個綏靖公署，次年 8 月後調整為第一至第十戰區，另設兩個游擊戰區、一個行營。其所轄地域、人事異動、所屬軍系，中央與戰區的複雜關係，戰區與戰區間的平行互動，甚至戰區與中共、日敵、偽軍之間的詭譎往來，尤其是戰區在抗戰時期的整體表現，均可由史料的不斷出土，獲致進一步釐清。

「閻錫山故居所藏第二戰區史料」的出版，不只可以帶動史學界對第二戰區的認識，而且對其他戰區研究的推進，甚而整體抗日戰史研究的深化，均有一定意義。這正是本社出版這套史料叢書的初衷。

編輯說明

《第二戰區之過去與現狀》收錄閻錫山故居庋藏「第二戰區之過去與現狀」書稿。該書稿所錄內容，起自民國 26 年 7 月 7 日蘆溝橋事變當天，終至民國 31 年 10 月。內容依序分為「作戰」、「政治」、「政工」、「軍訓」、「經濟」、「文化」等六方面，並收錄為國捐軀「抗戰忠烈」的故事，以及「軍政首長」的小傳。

為保留原稿抗戰時期第二戰區的視角，書中的「奸」、「逆」、「偽」、「叛」等用語，予以維持，不加引號。

書中或有手民誤植，也一概如實照錄，不加修改。

此外，為便利閱讀，部分罕用字、簡字、通同字，在不影響文意下，改以現行字標示。原稿無法辨識，或因年代久遠遭受蟲蛀、汙損，與字跡已經模糊的部分，以■表示。原稿留空處，則以□表示。

以上如有未竟之處，尚祈方家指正。

目錄

作戰方面

作戰方面

第二戰區司令長官司令部系統表

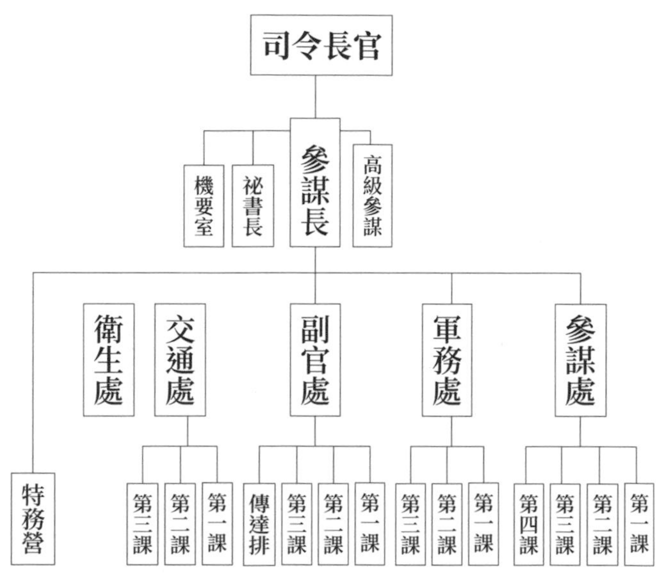

第二戰區軍抗戰以來作戰次數殺傷俘獲統計表

敵軍傷亡

年度		26年度	27年度	28年度	29年度	30年度	31年度	總計
作戰次數		10	1,328	2,239	1,219	714	169	5,679
傷	官長	621	196	234	201	54	88	1,394
	士兵	36,079	65,682	42,453	30,350	8,483	2,726	185,773
亡	官長	635	134	410	150	52	48	1,429
	士兵	56,565	41,282	61,234	13,872	4,254	1,330	178,537
	騾馬	968	1,497	1,137	727	68	8	4,405

備考：二十六年度作戰次數只列大會戰。
三十一年度因未屆年終，僅統計至六月份。

我軍俘獲

年度	26 年度	27 年度	28 年度	29 年度	30 年度	31 年度	總計
作戰次數	10	1,328	2,239	1,219	714	169	5,679
官兵		345	57	179	135	33	749
偽軍		1,051	114	730			1,895
騾馬		1,713	634	865	13	1	3,226
步馬槍	6,117	5,205	1,612	3,090	113	58	16,195
手槍	502	11	26	61	12	5	617
輕機槍	143	188	85	152	2		570
重機槍	95	36	12	13		3	159
山砲		19	3	16	9	4	51
迫擊砲		28	3	19			50
擲彈筒	11	16	19	94	1		141
鋼盔		56	84	62	17	17	236
防毒面具		115	24	23	1	8	171
槍彈	42,342	894,495	719,289	646,868	3,664	7,238	2,313,896
砲彈	1,882	1,986	20 箱	49 箱			3,868 顆 69 箱
手擲彈	2,346	903	1,246	19,975	42	100	24,612
電線		14,373	36,924	66,661	4,175		122,133
電話機		23	6	40	2		71
望遠鏡		3	4	11	2	1	21
無線電機		7	1	18			26

備考：二十六年度作戰次數只列大會戰。
　　　三十一年度因未屆年終，僅統計至六月份。

附記：

一、本表系根據抗戰以來各部隊所呈之作戰次數、殺傷俘獲統計表統計之。

二、表列廿六年度及卅年度以後，因部隊指揮系統關係，僅統計本戰區直屬部隊。

三、表列第廿七、第廿八、第廿九年度係將本戰區及所指揮之中央軍及十八集團軍均計算在內。

四、我軍俘獲欄所列俘獲武器均係重要者，其他軍品尚多，均未列入。

第二戰區抗戰大事記

自抗戰開始至三十一年十月止

二十六年

七月

八日　　　蘆溝橋事變消息傳至太原，各界均極震憤。

二十四日　綏邊吃緊，閻主任電綏主席傅作義嚴防。

二十九日　平津失陷，太原實行疏散人口，防敵空襲。

八月

二日　　　閻主任飛南京商討國是。

八日　　　敵步騎千餘，犯我得勝口。

十一日　　閻主任由南京飛返太原，就任第二戰區司令長官職。

十二日　　日軍開始猛攻南口。

十三日　　山西全省總動員實施委員會成立。

十四日　　察北我軍攻克商都縣。

二十五日　張家口、南口，我守軍同時向後轉移。

二十六日　張家口被敵侵入。

二十八日　閻司令長官由太原出發前方督戰，駐節代縣太和嶺。

三十日　　宣化被敵侵入。

　　　　　閻司令長官發表「告第二戰區前敵將士書」。

三十一日　敵軍攻陷懷安。

九月

二日　　平綏線敵侵入山西境內。

閻司令長官發表「抗敵公約」。

十日　　陽高被敵攻陷。

十一日　　天鎮我軍撤退。

察南敵侵入蔚縣向晉廣靈進犯。

十三日　　察北敵陷化德。

靈邱、廣靈一帶敵我激戰。

十四日　　敵陷廣靈縣。

平綏路西犯敵侵入大同、懷仁。

十五日　　察北敵侵入商都。

雁北敵侵入渾源。

敵機四十餘架，分二次轟炸太原。

十八日　　我軍退出靈邱。

二十一日　　太原上空，敵我空戰甚烈，敵領機被擊落，隊長三輪寬少佐斃命。

二十二日　　平型關會戰開始。

二十四日　　綏敵攻陷集寧。

二十五日　　平型關激戰，我軍斬獲甚多。

二十八日　　茹越口被敵突破，梁旅長鑑堂殉職。

閻司令長官親赴大營督戰。

朔縣失陷。

三十日　　平型關我守軍後移。

綏敵繞武川，攻陷綏垣城。

閻司令長官到五台台懷鎮。

十月

一日	閻司令長官由台懷鎮返抵太原。
二日	李軍長服膺伏法。 衛立煌率四個半師，經正太路向晉北增援。
六日	綏敵陷包頭。 崞縣、原平敵我激戰。
七日	崞縣我軍撤守。
十一日	原平失陷，姜旅長玉貞殉難。
十三日	敵五千餘，附飛機三十餘架，戰車五、六十輛，砲四、五十門，開始向忻口進犯。
十四日	平漢線敵西犯舊關，娘子關會戰開始。
十五日	忻口激戰，郝軍長夢齡、劉師長家祺、鄭旅長延年在大白水附近殉職。
二十二日	山西全省劃為七個行政區，每區設行政主任一人。
二十四日	山西省府委任游擊縣長。
二十六日	娘子關失陷。
二十九日	正太線陽泉、平定被敵攻陷。

十一月

一日	忻口我軍向南轉移。
四日	正太線敵陷榆次。 閻司令長官移節交城部署軍事，令傅作義守太原。
五日	我軍放棄忻縣。
六日	敵軍迫近太原城郊，與我軍展開激戰。

七日　　　閻司令長官移節大麥郊。
八日　　　太原我軍撤守。
十四日　　敵沿同蒲線南下，侵入祁縣。
十六日　　閻司令長官移節隰縣。
二十日　　閻司令長官移節臨汾。

十二月
二十六日　遼縣被敵侵入。
　　　　　閻司令長官由臨汾首途赴武漢出席國防會議。
三十一日　山西省明令廢除苛捐雜費，實行合理負擔。

二十七年

一月
三日　　　閻司令長官返臨汾。
十日　　　晉冀察邊區政府在五台成立。
二十一日　民族革命大學在臨汾成立。

二月
二日　　　我機轟炸太原敵軍。
八日　　　我軍計劃反攻太原，各部隊分別向指定地點進發。
十四日　　太原敵沿同蒲鐵路、太汾公路大舉南犯。
十六日　　孝義、介休被陷。
　　　　　衛立煌被任命為第二戰區副司令長官。
十七日　　汾陽被敵侵入。

平漢線敵由涉縣越太行山西犯，陷東陽關及黎城。

二十日　同蒲線靈石一帶、汾隰線石口一帶，敵我爭奪戰甚烈。

二十一日　侵入長治之敵二千餘，沿洪屯公路西犯。
隰縣川口一帶激戰，我趙旅長錫章殉職。

二十四日　寧武縣城被陷。
離石敵侵入中陽。

二十五日　閻司令長官到蒲縣督戰。

二十六日　豫北敵越天井關北犯侵入晉城。
隰縣失守。

二十七日　我軍放棄臨汾各部隊向敵後轉移，實行游擊戰。

三月

一日　同蒲線敵竄至曲沃、侯馬。
蔣委員長電令晉境兵卒在晉游擊，不得過河，違者軍法從事。
蒲縣失陷。

三日　同蒲線敵竄至運城。

五日　稷山敵竄至河津及東禹門。

六日　同蒲線敵侵入永濟竄至風陵渡。

十三日　衛副司令長官到吉縣與閻司令長官相會。

十四日　敵由臨汾、蒲縣、河津分八路向吉縣進犯。

十五日　汾離公路我軍反攻，克復大武鎮。

十九日　　敵軍侵入吉縣城，大肆焚殺。
　　　　　閻司令長官渡黃河，暫駐陝西宜川桑柏。
　　　　　沁翼公路我軍反攻，克復沁水。

四月

四日　　敵侵入永和縣城。
八日　　晉西我軍反攻，收復吉縣、永和。
十日　　沁源失陷。
十五日　　晉東我軍反攻，克復沁源。
　　　　　閻司令長官東渡督師，駐吉縣中寺。
十六日　　我軍克復鄉寧。
二十一日　晉西北我軍分道出擊綏遠。
　　　　　我軍圍攻中陽、離石縣城。

五月

一日　　我軍攻克晉城，晉東南敵全部肅清。
　　　　　我軍向晉南三角地帶實行反攻。
四日　　晉南我渡河部隊收復臨晉、猗氏。
五日　　運城、安邑之敵被我包圍痛擊。
十五日　　我軍克復榮河、汾城。
十七日　　我軍圍攻曲沃、侯馬，一度攻入侯馬車站。
二十九日　風陵渡及永濟縣城被我軍收復。

六月

五日　　我軍圍攻臨汾。
十日　　偏關血戰。

十八日　我軍總攻臨汾與敵激戰。

二十九日　豫北敵經濟源北犯垣曲，圖解救曲、侯之圍。

三十日　豫北敵沿晉博公路再犯晉東南。

七月

一日　閻司令長官在吉縣古賢村召集高級將領會議。

五日　晉東南之晉城、陽城、沁水縣城，連日被西犯之敵侵據。

六日　曲沃、侯馬之敵向我陣地猛攻，戰至激烈。晉南敵獲援，各路同時反攻。

十二日　敵犯中條山與我爭奪張店。

十三日　我軍放棄垣曲。

二十一日　翼城縣城內巷戰至烈，我軍俘獲甚多。

二十九日　我軍在横嶺關截斷敵歸路，奪獲大砲二十二門、騾馬百五十餘匹，毀汽車八十餘輛。

八月

二日　沁水激戰，我軍大捷。

三日　我軍再克晉城，沁翼沿線無敵踪。

十日　臨晉縣城及吳王渡被敵攻陷。

二十三日　横嶺關附近敵我血戰。

二十八日　反攻晉南之敵，再陷風陵渡。

九月

三日　綏遠我軍克復陶林，俘殺敵甚眾。

四日　汾離公路敵犯柳林。

十五日　　敵進犯中條西段，被我擊退。

二十日　　豫北與聞、絳一帶敵由南北兩面會犯垣曲。

二十一日　進犯柳林之敵被我擊潰。

二十二日　聞喜敵我血戰，死傷均重。

二十五日　閻司令長官在吉縣古賢村召開抗敵行政工作檢討會議。

十月

一日　　　敵軍九路圍攻五台。

十日　　　會犯垣曲之敵被我擊潰。

二十三日　霍縣敵東犯受重創。

十一月

七日　　　晉西北敵陷寧武縣城。

十二月

五日　　　稷王山激戰，敵汾南司令官被我擊斃，我徐旅長積璋殉國。

二十四日　敵牛島師團及王英部偽軍會向吉縣進犯。

二十九日　臨汾西犯敵佔我蒲縣。

閻司令長官大雪中離吉縣轉敵後指揮作戰。

三十一日　吉縣失守。

閻司令長官抵吉縣東北之五龍宮。

二十八年

一月

一日　　　閻司令長官在五龍宮下令向吉縣之敵全線總攻。

八日　　　我軍收復吉縣。

二十二日　正太線敵分路進犯和順、遼縣。

二十四日　敵犯中條山竄入山南之芮城。

二十八日　閻司令長官渡河駐節陝西宜川縣秋林鎮。

二月

一日　　　霍縣敵分三路東犯，戰況甚烈。

二日　　　芮城血戰，敵指揮官露營司令被我擊斃。

三日　　　竄入中條山南之敵被我肅清。

十五日　　竄據和、遼之敵不堪我軍壓迫，棄城北潰。

二十五日　洪洞、霍縣敵會陷安澤城。

三月

一日　　　太原、忻縣敵萬餘會犯晉西北。

十三日　　靜樂、五台、定襄均激戰中。

十七日　　我軍反攻俘山、安澤。

二十五日　第二戰區軍政民高級幹部會議在秋林開幕。敵機襲平陸、茅津渡。

二十八日　晉南敵沿張茅大道大舉進犯中條山。

三十日　　平陸、芮城我敵激戰。

四月

六日　　緩遠我軍衝入百靈廟，斃敵甚眾。

十日　　我軍開始春季全面反攻。

十四日　　中條山我軍反攻，全線均有激戰。

十七日　　聞喜血戰，敵遺屍七百餘具。

二十一日　　晉東南我軍大捷，斃敵千餘名。

五月

一日　　敵華北總司令官杉山到晉南視察。

二日　　河津城北激戰，斃敵甚眾。

六月

一日　　中離之敵兩萬餘，附砲三十餘門、汽車二百輛，分路西犯。

六日　　安、運、解、永一帶敵分道會犯中條山。

十七日　　晉南我軍向中條山總反攻。

十八日　　雁北敵三千餘，與我幹教總隊激戰於大同之團寶山，我楊總隊長玉銓殉職。

二十日　　聞、夏一帶敵分道會犯中條山。

二十三日　　垣曲皋落大道敵萬餘，與我軍整日鏖戰，情況至烈。

二十五日　　我軍克復垣曲，斃傷敵二千餘。

七月

四日　敵三四師團分沿白晉、洪屯、翼晉等公路向晉東南大舉進犯。

七日　安澤敵陷沁源。

十日　豫北博愛敵四、五千，沿晉博公路北犯，被我斃傷千餘。

八月

八日　敵軍大舉向沁源我軍主力及專署所在地進犯。

十八日　靜樂敵二千餘，侵入嵐縣。

二十一日　我軍反攻嵐縣克之。

三十一日　晉東南我全線總攻，在長治南與敵激戰。

九月

三日　汾離公路敵西犯柳林。

八日　豫北涉縣敵二千餘，西犯陷黎城，向長治增援。

十日　汾南敵四千餘會犯稷王山。

二十九日　陷榆社之敵經我猛擊，死亡甚眾，向武鄉潰竄。
芮城敵被我擊潰。

十月

六日　晉西汾離公路激戰，斃敵數千。

七日　敵四、五千會犯鄉寧、吉縣。

九日　長子方面我軍猛烈反攻，斃傷敵千餘。

二十五日　犯吉縣敵被我痛擊於三堠，狼狽潰退。

十一月

四日　我軍向鄉寧、汾城追擊，斃傷敵三百餘。

十五日　汾南各縣之敵會犯稷王山，被我擊退。

二十八日　決死第四、第五兩總隊政治主任韓鈞在隰縣叛變。

十二月

六日　晉南進犯聞、夏山地之敵被我擊潰，斃傷敵二千餘。

十一日　閻司令長官通令鞏固犧盟、加強民運。

十四日　敵機三十四架轟炸河曲。
翼城敵三千餘，沿沁翼公路東犯
我軍實行冬季攻勢。

二十二日　晉南橫嶺關一帶我軍斬獲頗多。

二十九年

一月

一日　晉東南敵大舉進犯，被我軍痛擊於長子西南地區，殲滅數千。

十六日　晉東南我軍全線反攻，將敵擊潰。

十八日　閻司令長官為安撫叛區民眾，特組織安撫賑濟團，派赴叛區工作。

二十九日　晉東南敵五、六千與我軍激戰於長治、高平間。

三月

十九日　太、靜、忻、崞一帶敵大舉向晉西北區進犯。

四月

二日　閻司令長官通電討汪。

十八日　晉南敵會犯中條山，陷平陸、茅津。

二十日　中條山我軍向張茅大道東側反攻。
浮山、翼城敵萬餘分向沁水以西地區進犯。
晉東敵萬餘分五路南犯，與我軍在長、壺以南地區激戰。

二十五日　吉鄉區我軍分向汾北及同蒲沿線猛攻。

三十日　我軍截擊晉城、高平援敵，殲敵達二千。

五月

七日　由晉西出擊之我軍，包圍稷山、侯馬。

十一日　河津、稷山、汾城等處集敵萬餘，向鄉寧、吉縣進犯。

二十日　會犯鄉、吉之敵被我擊退。

二十四日　閻司令長官東渡督師，駐節吉縣之克難坡。

六月

二十九日　晉東遼、沁一帶敵數千南犯，與我軍激戰。

七月

一日　山西實行田賦，改徵食糧。

十日　河稷、萬安等縣敵分路進犯稷王山。

八月

二十五日　我軍向正太路沿線反攻，衝入娘子關。

九月

十四日　我軍向陽城進擊，連克數據點

二十五日　晉東我軍反攻，克復榆社，圍攻遼縣。

十一月

五日　我軍分路截擊進犯稷王山之敵。

二十九日　絳縣境內我軍反攻，殲敵數百。

十二月

二十二日　晉東南我軍分路堵擊柳樹口南犯及欄車鎮東犯之敵。

三十年

一月

二十三日　臨汾西劉村之敵，向襄陵西南之浪泉四柱一帶進犯，猛攻八次，均被我擊退，斃敵甚眾。

三月

八日　陵川一帶之敵分三路向我軍進犯，雙方戰甚劇。

十二日　晉南翼、絳間我軍反攻，斬獲甚眾。

二十三日　閻司令長官在克難坡召開政治進步會議。

二十四日　聞、萬、新、稷等縣之敵進犯稷王山，我軍奮擊，斃傷敵二、三百名。

二十七日　敵中國派遣軍總參謀長板垣中將由太原飛長治檢閱。

四月

十日　敵板垣參謀長在臨汾召開中尉以上指揮官會議。

十二日　政治進步會議閉幕。

十四日　敵酋多田駿飛運城，乘汽車至風陵渡視察。

十六日　猗、臨、榮、稷、新等縣之敵，分路向稷王山會攻，我軍分路迎擊，展開血戰。

五月

七日　敵由豫北、晉東南大舉會犯中條山垣曲。

八日　絳縣横嶺關方面之敵突破我陣地，陷垣曲城。

十日　封門口被敵突破，我軍分別轉進於濟源大道南北地區。

晉西我軍向同蒲沿線出擊，策應中條山我軍作戰。

十二日　我軍將陽城方面進犯之敵一大隊全部圍殲。

十三日　中條山我軍經在各山隘苦鬥後，分別突圍，向敵後轉進。

七月

一日　　洪爐進步訓練在克難坡開始。

八月

十二日　　我軍克復孝義城。

九月

二十一日　犯稷王山敵被我痛擊，退回原處。

二十七日　晉東南敵萬餘，會犯太岳區。

十月

十八日　　汾南激戰，斃敵少佐一員，雙方損失均重。

二十七日　河津、稷山敵偽八千餘北犯，陷鄉寧之師家灘。

二十九日　黃河東岸龍門山我與敵血戰。

十二月

一日　　山西進步督導團分區出發。

三十一年

三月

四日　　陵川附近敵經我猛擊，傷亡甚眾。

二十五日　敵機二十餘架分五次轟炸壺口軍橋。

四月

二日　　山西戰地工作委員會成立。

二十日　敵機十餘架分三次炸七郎窩軍橋。

二十四日　我軍在呂梁山與敵展開據點爭奪戰。
孝義宋家莊激戰，斃敵二百餘。

五月

二十一日　汾南臥龍莊激戰，我軍迫近敵坦克車，以手擲彈投擊，斬獲極眾。

六月

六日　敵機四架，轟炸克難坡。

八日　敵犯鄉寧華靈廟，我活炸彈彭連長永祥等二十四壯士與敵二百餘俱盡。

十日　進犯黃花峪之敵被我殲滅數百，我李營長如意殉國。

十七日　河津、萬泉敵二千餘與我軍血戰於薛里一帶，我王師長鳳山殉國。

二十五日　汾陽康寧堡敵我血戰，我劉營長成華殉國。

七月

八日　我軍圍擊新絳竄小聶村搶糧之敵，斬獲甚眾。

十日　汾陽、介休之敵八千餘，汽車、坦克車百餘輛，與我軍在中街、淨化等處激戰。

十二日　汾、介敵挾砲四十餘門集中轟擊，侵入淨化村。

十八日　我軍襲擊洪、趙間汾河兩岸搶糧之敵。

二十三日　晉南敵四千餘分路進犯橫皋大道以西地區，我軍迎頭痛擊。

八月

十四日　敵華北派軍參謀長安達偕第一軍參謀長花谷由太原飛臨汾、運城視察。

二十七日　洪、趙西犯敵經我軍分路截擊，傷亡奇重。

九月

十一日　我軍將洪洞進犯東西龍馬、龍張之敵擊潰。

三十日　晉南絳縣橫皋之敵數千犯東西桑池等地，與我軍展開激戰。

十月

十五日　垣曲敵分犯夏縣以北、平陸以東地區，我軍迎擊展開激戰。

政治方面

政治方面

抗戰以來山西省政上之重要設施

（一）劃分游擊區

本省於二十八年八月間，為便利推行政令，加強行政效率，以收全民全面的效果，計將全省劃分為四個游擊區，每區設游擊總指揮一人，並於每游擊區各設省政府辦事處，即以游擊區總指揮兼任辦事處主任，下設三組分掌民運、行政、總務等事項。嗣奉行政院令頒戰區各省省政府設置行署通則後，即於同年九月將各辦事處改為山西省政府第一、二、三、四游擊區行署，各設主任一人、副主任一人，下設三組，訂有詳細簡章頒布施行。第一游擊區行署因所轄地區敵叛盤據一時，未能健全，餘均次第開展工作。迨二十九年以汾南情形複雜，亟需整理，因設立軍政民汾南聯合辦事處，其轄區為汾河以南、黃河以東、同蒲路以西以北地域。三十年十月以汾南情形略已調整就範，遂將汾南聯合辦事處撤銷，復以汾東地區友軍轉進後敵叛紛擾，地方秩序異常紊亂，因又暫設第十三集團軍總司令部山西省政府第四行署汾東臨時聯合辦事處，其轄境為第五行政區之浮山、第十三行政區之安澤全縣及續設之第十二、十三、十四個行政區汾河以東地區，以期對所轄區內軍政民各部門統一指揮，協調發展，完成軍政民化合的力量，爭取抗戰之最後勝利。

（二）實行合理負擔

自抗戰軍興，人民負擔較前繁重，本府為求公道合理計，遂實行合理負擔，以有錢者出錢為原則，按縣村人民富力之大小，規定攤派分數、負擔等級，縣有縣標準，村有村標準，民戶有民戶之標準，定為抗戰期內縣村合理負擔辦法，通令實行在案。旋以事變後社會、經濟狀況驟生變化，人民貧富今昔不同，深恐各縣村仍依囊定負擔等級，未能隨時調整，又於卅年五月公布抗戰時期人民負擔暫行整理辦法，依據人民現實經濟狀況重行估定負擔等級，務期達到真正合理之目的。復慮各縣村辦公人員有徇情不公情事，於卅年七月又規定防止攤派不公有效辦法，以杜弊端。實行以來雖未能百分之百的合理，大體可稱公道。

（三）田賦徵實

一、田賦徵實之主要原因

查晉省田賦改徵實物於全國各省中為最早，其主要原因實緣抗戰以還，晉省處於最前線，糧價節節上漲，主食代金有限，購買食糧曾日不得一飽，枵腹奮鬥勢有未能，且以糧食購買困難，軍民之間時因購買糧食發生爭執，又以人民所納田賦仍沿戰前標準交納貨幣，因貨幣與一般物資比值之變動，田賦負擔遂呈日益減輕之現象，即無異加重田賦以外其他租稅負擔者之負擔，不平孰甚。本省為充實軍糧、免除軍民困難、平均負擔計，乃毅然實行田賦徵實，並建議中央採擇施行，旋經第三次全國財政會議議決自三十年下半年起，各省田賦戰時一律徵收實物，並將各省田賦一律由中央接管。

二、田賦徵實機構之建立

按晉省田賦徵收實物，自二十九年下半年起業已實行，當時係於各縣政府內設立供給部，負責辦理徵收及供給事宜，自三十年下半年田賦由中央接管後，即遵照中央命令於三十年八月一日成立省田賦管理處，同時利用各縣原有徵實機構成立縣田賦管理處，縣處以下設置經徵分處辦理徵實事宜。

三、田賦徵實之現在情形

查晉省現在政權能達到縣分多與敵佔區域相互交錯，徵購田賦至感困難，本年敵人加強統制食糧，對我徵購百端阻撓破壞，遂發生大規模搶糧戰爭，本省軍政當局為粉碎敵人惡毒計劃，乃發動各部門幹部組織突擊徵糧小組，深入敵區隨時打擊敵人，掩護徵購，並派遣大員分路分區實行督導，以期本年度田賦得以順利完成。

四、努力施行縣基能的村本政治

原定進度計分四期。第一期規定為健全村組織、調整村幹部、統一村工作。第二期規定為考查村幹部、加強村工作。第三期規定為督導村幹部、開展村工作。第四期規定為考校村幹部、檢討村工作。經查實施情形除有特殊情者外，各縣均能按期照辦，收到相當成果。

五、二十八年至三十一年之視察制度

查本省視察制度之建立由來已久，抗戰軍興，視察制度亦須隨之改進，於廿七年春曾由司令部先後選派堅強幹部分赴各行政區視察，當時本省各縣多係敵我交錯，各幹部多化裝深入敵區。至廿八年七月，本省改劃為十一個行政督察區，視察機構亦歸併省府，成立視察處，按當時之行政督察區每區設一視察組，每組設正副組長各一人，專負指導視察工作之責，每縣設視察員一人，專負查報軍政民工作實況之責，各視察員不避難艱險在敵區工作，頗收宏效，而視察員先後被敵殘殺者十餘人。至廿九年十月十五日奉行政院令改組為戰時視察委員會，按我政權能達到之區域劃分為六個視察區，每區設視察組一，每組設組長一人，負指導連繫之責，視察委員三人至五人，負查報軍政民工作實況之責，每人視察一縣或兩縣，此縣在之視察制度情形也。

本年（卅一年）山西省政上之中心重要工作與實施情況

（甲）民政方面

（子）中心工作

（一）整理村財政肅清村弊端

原定進度計分三期。第一期規定為實行村概算、決算，清查村財政，訓練村監察委員，各縣均已照辦。第二期規定為注意刦除村公款之濫費，與村幹部之貪污，考查結果，各縣均有相當成效。第三期其繼續督導二期工作，現正在加緊進行中。

（丑）重要工作

（一）改善兵差

原定進度計分二期。第一期規定為各縣按實際情形自定改善兵差實施辦法報候核定實行，各縣均已如期辦到。第二期規定為督促各縣嚴格執行改善兵差一切辦法，並舉行競賽，茲經考察，各縣兵差確已較前改善，尚未舉行競賽。

（二）實行村管理消弭匪源

原定進度計分四期。第一期規定為清查戶口登記嫌疑人，稽查行人貨物。第二期規定為檢查戶口，考查嫌疑人，執行行人貨物不履行登記處罰辦法。第三期規定繼續第二期工作，督導各村實行村管理。第四期規定為檢查各縣實行村管理情形，舉行村管理競賽，考查結果除有特殊情形呈准展緩者外，均能按照規定切實辦理。

（乙）財政方面

（子）重要工作

（一）管制金融

查三十一年份本廳中心重要工作為管制金融，按照原計畫分為四項：一、針對社會折扣法幣價格設法調節。二、以省鈔輔助法幣找零，使法幣大小票不生折扣。三、撤收省幣。四、統制偽幣，得到物品之供給。關於第一項將省行單元票加印「專為找零兌換法幣」八字，專兌五十元、百元大票以資調節，關於第二項發行二五找零■兌換五元、十元法幣，使之不生折扣，關於第三項將田賦折徵貨幣及各項稅捐改收省幣，關於第四項訂■統制偽幣辦法，自實施以來均著成效。

（丙）教育方面

（子）重要工作

（一）培養小學師資

此項訓練補充小學教師，各縣已報畢業者，中陽二十七名、吉縣二十九名、臨汾三十四名、新絳二十二名、鄉寧十九名、稷山二十七名、汾西五十六名、永和二十七名、石樓二十七名、隰縣二十三名、蒲縣五十名、孝義五十名、大寧縣二十四名、趙城二十八名、萬泉五十名，共計五百三十三名。

（丁）建設方面

（子）中心工作

（一）籌建日用必需品製造廠

查抗戰以來，本省各種輕重工業被敵摧毀無餘，遂致物資缺乏，供不應求，本府有鑒及此，數年來對工業建設莫不極力擘劃，本年對籌建日用必需品製造廠特定為施政之中心工作，以期適應當前需要，完成抗建大業。茲將本年實施情形撮要分列如下：

一、調查工業原料及技術人員

本省工業原料及技術人員素無精確之調查與管理，致有礙各種生產建設之推進，且自抗戰軍興，敵寇侵晉後，各技術員工四散失業，甚有因生活關係而被敵利用者，殊堪痛惜。本府為切實明瞭各地蘊藏資源及救濟失業工人、增進生產起見，曾製定各種調查表通飭各縣詳確調查，惟因各縣環境特殊，不能詳盡查報，但對各新工廠之籌建及各廠之招僱員工尚有不少補益。

二、管制民營工廠

晉西工業素不發達，數年來雖經極力提倡民眾興辦，但舉辦者仍寥寥無幾，本府為擴大生產、供應當前需要，曾依照中央頒布之小工業貸款辦法極力鼓勵人民興辦各種工業，截至現在晉西各縣計經營小工業者有六十餘家，並為使各工廠適應整體需要，擴大生產，復製定民營工廠管理綱要飭具實施管理，以期產量加大，辦理以來頗著成效，如能再予普遍設立，晉西日常生活用品則可大半自給也。

三、籌建省營工廠

晉西各縣蘊藏甚富，惟以地處偏僻，交通不便，戰前各種生產事業尚不十分發達，迨抗戰軍興，本府隨軍轉移晉西，乃對工業原料之調查、礦產之測驗莫不詳加計劃，第次進行。本年並在原料豐富與交通便利之安全地帶先後建立省營磁器廠六處、製紙廠二處、煉鐵廠四處、鑄爐廠二處、皮革廠一處、硫磺廠三處及毛織廠二處，為使各廠齊一進步，增進生產計，特設晉西省營工廠管理處負責管理，辦理以來成績尚佳，惟因各廠資金較少，週轉時感拮据，迄未能大量生產。現本府正設法予以補助，並擬定日用必需品製造廠四十二廠計劃大綱，專案呈請中央籌撥資金，如蒙核准，則晉西工業之基礎當可奠定也。

（二）管制商業

查本省為切實實施管制商業，曾於上年四月間定頒山西省商販登記領照辦法作第一步之管制，因各縣執行不力，收效甚微，所以本年復將此項工作定為行政中心工作，飭縣繼續辦理，茲將本年辦理情形分述如左。

一、查各縣商販依章應於三、九兩月份換領新牌照，並由各縣按地方實際需要對全縣商販裁減或合併，辦竣後由縣府檢查，如有未登記領照之商販，須一律取締。茲查本年上半年鄉寧、石樓等十四縣均按規定辦理，惟靈石、吉縣、臨汾、襄陵等四縣既逾限期，所辦亦不合規定，除飭糾正外，並予各該縣長及承辦科長記過處分，總計上半年共登記商販三千八百零三家，夥友八千三百五十九人，至下半年登記換照商販，除鄉寧等縣尚未將換照情形表報，已予該縣長及承辦科長記過處分外，計共登記商販約一千七百一十五家，夥友三千五百五十六人，各該縣較之上半年登記數均有減少。

二、查登記商販、按期換照原為澈底管制商業的進步辦法，乃因各縣執行不利，致商業不能適應整體之需要，形成抬高物價、坐享厚利，並予壯丁及士兵以逃避之藪。復經規定：1. 凡向淪陷區採運貨物，■以貨易貨為原則，並須經戰工會許可，其有特殊情形必須價購者，應先呈請戰工會核准發給許可證，未經許可或將許私行購貨者，沒收其所購貨物。2. 各縣平價委員會應考查各商號貨物來源地及購運成本，照章切實評價，認真執行，以免貨價波動，影響民生。

三、自九月份換照後，除小手工業專案呈請核准外，絕對不許再增加商販，其實有人數超過登記數■，一律勒令退出，如係適齡壯丁更須撥服兵役，新增小手工業並應禁用適齡壯丁。4. 已登記各商販限三個月內由各縣長切實執行，各專員負責督導，各戰工團負責協助，各戰工會負責完成，並已委派專員分赴各縣檢查矣。

（戊）人事方面

（子）重要工作

（一）實行考績

關於公務員考績事項，本年列為中心重要工作，曾經規定本府及所屬各區縣簡薦委任職人員無論銓敘合格與否，一律實行考績，除考績應依非常時期公務員考績暫行條例辦理外，又經製定非常時期山西省公務員考成暫行辦法，以資補充。至年終考績（成），按規定係於明年一月三日開始籌辦，至二月二十五日辦理完竣。平時考核業經分令各機關將所屬人員按月填具工作操行學識成績紀錄表，並於每月月終擇其最優者、最劣者呈報本府予以查核，以作年終考績（成）之根據，其有銓敘合格應參與年終考績之人員者，並轉送銓敘部及六省銓敘處查核，均已按月分別辦理矣。

（己）視察方面

（子）中心工作

（一）舉發損失政信及貪汙案件

查本省視察工作向注重於考查軍政民工作實況，惟查政信是政治的生命，如果政治上失信於民，即取不得人民信賴，取不得人民信賴，即可謂斬斷政治生命。又本省政治向稱廉潔，惟自抗戰以來，大部淪陷，在敵我交錯各縣發生貪污案件甚多，尤以村中之濫費公款為尤甚，人民負擔奇重，苦不堪言。故本年規定各視察委員除對軍政民工作實況仍隨時查報外，特規定舉發損失政信事項及檢舉貪污為視察委員之中心工作，以期鞏固政信並實現廉潔政治。至實施情形，本年一月即分別制定舉發損失政信事項及檢舉貪污實施辦法，分飭各視察委員遵照，一年來經各委員集中精力努力考查，政治上失信於民之事已逐漸減少，而人民對政府之信賴亦逐漸加深，至公務員之貪污案件，凡查有確據者均分別依法懲處，惟敵我交錯區之村級幹部格於環境，貪污及濫費公款情事仍未能一一肅清。

（丑）重要工作

（一）考查縣長警政及村指導員

查一縣縣長之好壞、警政之良窳，關係至為重大，又省為適應環境，切實實行村本政治，每編村選村指導員一人，專負指導村政之責，故本年規定考查縣長、考查警政及考查村指導員為視察委員之重要工作，其實施情形除考查縣長、考查警政係飭各委員平時注意考查，於六月及十二月底將縣長之能力如何、工作表現及警政工作情形、縣長辦理警政情形及警官之學識、經驗、操行、精神、體力，依據考查所得詳細列表報告外，對村指導員每月至少須考查兩個，隨時報告其特優特劣者，刊登村本政治半月刊以資仿效或鑑戒，實行以來頗收成效。

（庚）糧政方面

（子）中心工作

（一）切實執行縣村糧食評價

一、關於縣糧食評價者

（1）縣糧食評價辦法於一月二十日以子號糧一代電，先頒發晉西二十二縣遵辦，二月七日又以丑陽糧管代電補頒晉城、浮山、絳縣等二十三縣遵辦，二月二十一日以丑養糧管代電將該辦法頒發各專署知照。茲為便於報部，特制定糧食評價報告表式於二月二十八日電發各縣遵照填報。

（2）三月二十九日以寅豔甲糧管代電飭各縣遵照前頒表式辦理，總計有一月份表報縣糧食評價者，有石樓、中陽、隰縣、永和、大寧、鄉寧、河津、稷山、新絳、汾西、靈石、蒲縣、洪洞、趙城、吉縣、臨汾、汾城、孝義、汾陽、浮山等二十縣；二月份有安澤、離石、河曲、石樓等二十二縣，三、四、五月份有翼城、曲沃、石樓等二十四縣，均經按月列表彙報糧食部備查，其未報評價之縣份係因環境關係，仍飭督促設法辦理矣。

二、關於村糧食評價者

（1）本局奉令改組糧政機構後，前頒之村糧食評價委員會組織章程與評價辦法內機關名稱多與實際機關名稱不符，經分別予以修正頒發晉西二十二縣遵辦，其未呈報成立村糧食評價委員會之縣份，如蒲縣、臨汾、隰縣、河津、孝義、霍縣等縣，飭於文到一月內將辦理情形報查，茲為■……表式頒發各專署知照。

（2）三月一日開始檢點各縣村糧食評價委員會成立情形，惟鄉寧尚未呈報，洪洞與規定不合，當以寅宋糧管與寅冬糧管兩代電分別限期辦竣報查矣。

（二）辦理糧食之經收採購

一、經收糧食按照預定計劃，截至六月底已將上年下忙田賦食糧欠繳之數收清撥交軍糧局。

二、本年上忙田賦於五月一日開始經收，因南區各縣麥熟較早，收數尚可，北區各縣因麥熟較遲，收數微少。

三、採購糧食上年攤購未收起之食糧，截至六月底已如數收清撥交軍糧局。

山西教育現狀

查山西省各項教育經過五年抗戰逐漸恢復推進，截至現在，山西大學分設文、法、工學三院，醫學專修一科自三原移回秋林以來，經費設備均較前充實，省立中學有第一、第二聯合中學兩處，華靈中學一處，簡易師範一處，初級實用職業學校一處，私立中學有進山中學一處、清真崇實中學一處，明德、條南、篤實、尊德、樹人中學自修班五處，省立小學有第一、第二小學、第三小學、克難小學、第一、第二兒童教養所、桑峨兒童教養院七處，省立教育機關有山西科學館、教材編審委員會、巡迴歌詠戲劇隊、社教巡迴工作團四處，各縣小學高小有七十四處，初小有一千八百五十一處，均按各機關學校性質、組織、經費、教員及學生人數分別列表，以資參考。

附表　山西省政府教育廳所屬學校機關統計表

民國三十一年

學校機關名稱	性質	組織	經費	職教員人數	學生人數
山西大學	省立	（一）文學院內設歷史學系、外文系 （二）法學院內設法律系、經濟系 （三）工學院內設土木工程系、電機工程系、機械工程系 （四）醫學專修科	480,000	90	204
山西省立第一聯合中學	省立	初中七班	274,800	32	350
山西省立第二聯合中學	省立	高中二班 初中四班 簡易師範二班	336,000	37	400
山西省立華靈中學	省立	初中五班	尚未核定		250
私立進山中學	私立	高中二班 初中九班 簡易師範一班 補習班一班	780,000	140	650
私立清真崇實中學	私立	初中一班	12,800	11	40
山西省立初級實用職業學校	省立	學生二班	94,350	18	80
山西省立簡易師範學校	省立	學生三班	131,178	23	120
山西私立條南中學自修班	私立	學生一班		7	40
山西私立明德中學自修班	私立	學生二班		12	60
山西私立篤實中學自修班	私立	學生一班		4	30
山西私立尊德中學自修班	私立	學生一班		10	23
山西省立樹人中學自修班	私立	學生一班		8	50
山西省立第一小學校	省立	高級一班 初級三班	26,702	11	160

學校機關名稱	性質	組織	經費	職教員人數	學生人數
山西省立第二小學校	省立	高級一班 初級三班	16,702	11	160
山西省立第三小學校	省立	高級一班 初級三班	26,702	11	160
山西省立克難小學	省立	高級二班 初級四班 幼稺一班	47,515	17	350
山西省立第一兒童教養所	省立	學生六班	221,881	31	300
山西省立第二兒童教養所	省立	學生四班	148,476	25	200
山西省振濟會桑峨兒童教養院	省立	學生二十四班	756,072	105	1,200
山西省巡迴歌詠戲劇隊	省立	設隊長一 指導員二 隊員五十名	96,000	53	
山西省社教巡迴工作團	省立	設主任一 幹事十五人	79,200	16	
山西科學館	省立	設館長一，下設研究主任、研究員、助理員、事務員、練習生，共十四人	39,200	16	
教材編審委員會	省立		21,600	16	
吉縣等二十八縣	縣立	高小七十四處		518	4,067
		初小 一千八百五十一處		2,776	97,095

最近山西政治上之努力目標

一、實行為民愛民、主張公道的強民政治，說服行政，取得人心，拿起人民來。

二、每個農夫多種十畝地。

三、每個婦女多紡五斤花。

四、祛除村五弊，加強村管理。

五、統一村訓練。

六、建立閭據點。

七、完成村堡壘。

八、補足生產兵。

九、澈底推行役政，厲行歸隊運動。

十、圓滿的完成徵糧、運糧、製造軍服。

十一、健全四隊工作，鞏固並擴大政治狙擊隊，完成人民、生活、生產、戰鬥合一。

十二、改善軍民關係，做到民助軍，換得軍保民。

政工方面

政工方面

政治工作綱領概述

部隊中設置政治工作，在於加強士兵政治認識，鼓舞士兵作戰情緒，以擴大戰鬥效果。其工作性質，依部隊任務之不同，可分為平時、戰時兩大部。茲將本部政治工作情形，概述於次。

（一）平時政治工作

平時政治工作，即戰時政治工作之一切準備工作。概言之，舉凡組訓民眾、宣傳、敵偽、教育士兵等工作，均為政治工作之主要內容。

1. 組訓民眾

對此項工作，本部曾令各部隊挑選優秀士兵，組織民運小組，製定工作綱要，協同地方行政民運團體，進行下列各種工作。

子、糾查軍風紀。

丑、發動駐地軍民舉行清潔運動與檢查。

寅、會同駐地行政民運機關慰問抗屬。

卯、經常為抗屬服務。

辰、利用各種紀念日擴大宣傳。

巳、發動部隊協助民眾進行春耕、夏收、秋收。

午、協助行政實施村管理。

未、組織民眾，編為救護隊、擔架隊、運輸隊等幫助軍隊。

申、發動部隊，解決食糧問題。

酉、組織情報網，傳遞消息。

2. 對敵偽軍工作

對此項工作，本部製定工作綱要，分期進行。並令各部隊選拔幹練士兵，組織敵工小組，執行此項工作。其工作大要為：

子、運用政治力量，打入敵偽組織，祕密進行各種分化工作，粉碎敵偽陰謀。

丑、加強對敵偽軍的宣傳，瓦解敵偽軍，使敵偽軍投誠，偽軍反正。

寅、採取各種可能方法，增加敵人厭戰情緒。

卯、宣傳並切實優秀俘虜，爭取敵兵投降。

辰、爭取漢奸反正，撲滅汪逆偽組織。

巳、揭破敵閥陰謀，宣傳敵軍暴行。

午、防止敵偽（叛）兵運工作，進行敵偽（叛）區動員壯丁。

3. 士兵政訓工作

對教育士兵政訓工作，本部根據部頒法令，並斟酌戰區實際情形，製定實施進度，分期進行。其要旨為加強士兵政治認識，提高士兵文化水準，堅定勝利信心。故對我抗戰之國策，三民主義之精神，領袖之言論號召，敵寇之侵華歷史及殘殺我民眾情形，我軍英勇戰績等，均為教育士兵之主要內容。

其活動方式，除每日規定之課堂教育外，在中山室小組會上亦盡量灌輸之。

（二）戰時政治工作

戰時政治工作，依佈置先後，可分為戰前、戰中及戰後三階段。

1. 戰前政治工作

在部隊戰鬥之前，政治工作即適切配合作戰任務，以獲取戰鬥得勝利。其工作步驟，概略如左。

子、研究部隊所擔任之任務，分析所處之環境，妥為配備政治工作，並擬定進行步驟，依照實行。

丑、協同軍方檢查經理、衛生、裝備等各種情形，適當處理。

寅、檢討部隊素質及平時教育訓練情形，予以適當之補救。

卯、分析部隊一般戰時情緒，予以個別的鼓勵或糾正。

辰、講解各次作戰（指戰役的，如保衛晉西根據地及中條山保衛戰）之意義及本軍之任務重大。

巳、緊急動員附近民眾，組織各種協助軍隊的小組，如擔架、運輸等隊。

2. 戰鬥中政治工作

如左列各項：

子、各級政工人員，與同級部隊長官同其位置，並督導所屬實行。（如另有任務，不克在同一位置時，應與軍方密切連繫）

丑、鼓勵士氣，提高士兵戰鬥情緒和勇氣，克服一切膽怯與畏縮現象。

寅、進行戰時機會教育，以再度鼓舞士氣及恢復其疲勞。

卯、運用民運小組，指揮民眾，進行戰時救護協助工作。

辰、與敵偽軍在接近戰鬥時，利用喊語或其他方式，爭取投誠與反正。

巳、糾查戰時軍紀，使士兵嚴守射擊技術並注意士兵之動搖，而予以適切之處置。

3. 戰後政治工作

大抵進行下列各項：

子、協助清掃戰場，使戰場鹵獲品合理處理。發表統計數字，彙集有關材料。

丑、處置俘虜，協助審訊俘虜，解釋我政府對俘虜之優待事實，使其減少畏懼心理。

寅、慰問傷病兵員，安慰其情緒。

卯、撫輯流亡民眾，使戰地民眾迅速恢復戰前狀態。

辰、蒐集並調查我軍英勇事蹟，予以擴大宣傳。

巳、對敵寇在戰地之殘酷事實，向外報導。

午、檢討戰役，使優點發揚，劣點克服。

未、按級向上級報告戰時政治工作之情形。

（三）特殊環境下之戰時政治工作

除一般戰時政治工作外，對特殊環境與任務之下戰鬥，本部特為製定工作綱要，頒佈各級政治部室實施。如對敵人掠奪我夏收，企圖困斃我軍民之對策徵運食糧戰爭下，曾製定「戰時政治工作中心工作」，其要綱為：

1. 督導所屬政工幹部，對抗戰六段話及寧死不做俘虜訓示，切實誦讀後，為士兵詳為講解
2. 協同軍事主官，實行守點攻擊與狙擊戰法，並適當配備政治工作。
3. 協同掩護徵運食糧，完成夏收。
4. 鼓勵士兵加緊構築工事。
5. 適時反映作戰情形及政工作戰英勇事蹟。

並指示各部隊政工同志依下列各點宣傳：

1. 敵人掠奪我們食糧，運送回國，以備解救其國內食糧恐慌，而困斃我軍民。
2. 鼓舞官兵，突擊食糧的情緒。
3. 擴大宣傳，突擊食糧戰鬥之意義。
4. 擴大宣傳戰地民眾被敵殘殺情形。

歷年政工發展情形

本戰區部隊政工機構，至抗戰初期，係按照地方實際情形而定，二十九年六月十六日始按照部頒編制實行。旋奉何部長來電，自三十一年一月份起，將各部隊整編為集團軍四、軍八、屬師廿四、獨立旅二，軍需亦改為實費預算。故於一月份起，將政工編制變通為：集團軍特派員室四、軍政治部八、軍屬師政治部廿四、獨立旅政治部二、團政治指導員室七七、軍政治大隊八、游擊縱隊特派員室六、支隊指導員室十八、砲司令部政治部一、砲兵團政指室五、工兵團政指室二、騎兵團政指室一、憲兵司令部政治部一、保安司令政治部一、保安團政指室二、兵站總監部政治部一、分監政指室二、支部政指室四、分站政指室七、專署政衛營政指室八、內勤隊政指室一、特務連政指室一、人民運輸隊政指室一。

三十年三月間奉軍委會政治部張部長電飭，將各集團軍特派員室一律撤廢，是月又奉軍委會政治部訓令，頒發「修訂各級政工單位組織規程」暨編制表，將部隊政工編制分為四種、八級：計甲一級、甲二級、甲三級，乙級，丙一級、丙二級，丁一級、丁二級，限四月一日實行。正籌辦間，又奉軍委會政治部電飭緩自七月一日起實行。五月間軍委會政治部張部長電，將部隊政工制度確定為軍委會政治部、戰區政治部、師政治部、團政指室、連指導員五級，將軍政治部撤廢，改為師政治部。

六月底軍委會政治部頒佈「撤廢軍政治部，改設師政治部實施辦法」，飭於七月一日起實行。遵於是月一日將八個軍政治部、八個軍屬政工隊撤廢，將各軍屬廿四個師督導員室，遵照乙級編制改編為政治部，並亦六十八師、七十三師、七十一師、暫四十三師、七十師、六十九師、六十六師、騎一師，八個師政治部，依次接收各軍政治部公物。又一九六旅按照乙級編制，二〇三旅按照丙二級編制改編，七七個團政指室，按照丁一級編制改編。

本年三月間，奉軍委會政治部電飭，將各游擊縱隊特派員室改為政治部，支隊政指室亦按新編制改編。十月間又奉軍委會政治部電飭專案呈報改編之各級政工單位，遵於十一月一日起，按照指示呈報在案矣。

政工現有機構與中心工作

（一）本戰區政工現有機構，計師政治部二四、旅政治部二、師旅屬團政指室七七、特種兵團政指室八（工兵二、砲兵五、騎兵一）、砲兵司令部政治部一、憲兵司令部政治部一、兵站總監部政治部一、分監及支部政指室各四、分站政指室八、游擊縱隊政治部六、支隊政指室十八。

（二）中心工作

1. 部隊政訓方面

為士兵政治教育與識字教育之配合，生活指導與紀律訓練之加強，祕密教育推行，生活教育之提倡，反攻準備之完成。

2. 軍民合作方面

為軍合作站之調整，戰時民眾訓練之推行，協助生產勞力之擴展。

3. 對敵偽方面

為經濟封鎖與破壞之擴大及積極打入敵偽匪軍工作。

4. 自家訓練方面

為整肅政工紀律與加強督導。

軍訓方面

軍訓方面

第二戰區歷年以來軍訓實施概況

一、前言

溯自七七事變以來，殘暴的日寇，憑藉其多年蓄意侵略之充分準備，與犀利的武器等等優越條件，不數月間，北陷天津，進窺太原，南佔京滬，貪據武漢，兇烽烈焰，不為不張，惟所佔點線之微，對我全民全面之抗戰影響殊鮮。二戰區為了保證抗戰勝利，奠定建國基礎，因而倡導「以弱勝強」的新戰法，「以弱變強」的新政治，四新的軍隊教育，普遍建立健全的游擊根據地，展開全面游擊與機動運動戰的民族革命戰爭；本支持華北，保障西北，掩護西南之偉大任務，向抗戰建國偉業之總目標，努力邁進。然抗建偉業，需要擴大人材，人材之來源，端在訓練；故本戰區於廿七年七月首設校尉級軍官訓練團，召訓現役幹部，授以當前對敵之學術，以增進作戰之必要智能。嗣為收容戰區失業失學青年免為暴敵利用，並為切合現實須要，適應幹部補充，乃於斯年相繼設立青年軍官教導團、民族革命幹部學校、軍政幹部總校以及各軍直隸之各幹部分校等從事訓練，以利抗戰。歷年以來，隨戰略戰術之演變，依幹部之傷亡、補充之比率，適應實際需要，迭有伸縮，茲就現有訓練機關分述實施概況於後。

二、現有訓練機關之沿革略述

甲、第二戰區幹部訓練團

本團於廿九年奉部令成立，其前身最初為校尉級軍官訓練團，於廿七年七月成立，閱四閱月，依據與敵歷次作戰之血的經驗教訓，為使軍政民之各有工作，咸本「軍事第一」、「勝利第一」之要旨，化合為有機能之團力計，乃擴充為軍政民各級幹部集訓團，分期輪調軍政民各級幹部施以普訓，以期精誠團結，互供經驗而利抗戰。旋為確實實行閻長官「選、訓、用、汰」之幹部政策，乃縮編為實施幹部政策訓練團，專事選拔訓練合乎人才標準之優良幹部，以作將來升用之儲備。迨廿九年春，始遵部頒編制改為今名，並附設游擊幹部訓練處各專班。

乙、民族革命青年軍官教導團

廿七年春，敵沿同蒲縣南下，越韓侯嶺，抵風陵渡，各以萬餘之眾，八路掃蕩鄉、吉，三路圍攻西北，九路合圍沁縣，被我分頭擊退，蒙受巨虧後，迨知以武力圍殲二戰區作戰主力之幻想與奢望，實微乎其微，不得已乃忍氣吞聲的改奏其「以戰養戰」的悲鳴，進行佔領區之政治統制，對消除我具備民族抗戰意識之男女青年，尤為急圖。我一般青年學生之慘遭捕殺，厄運無情的降臨在每個人頭上！以致一般青年奔走呼號，流離失所。本戰區為了收容失學失業之負有犧牲精神的革命青年，施以嚴格的軍訓，預作軍事幹部之儲備計，乃於斯年十月十日設立民族革命青年軍官教導團於二戰區抗戰根據地之鄉、吉地區。歷年以來，均本適應本戰區初級軍事幹部補充上之需要，從事訓練，造成了成千萬的英勇青年幹部，不斷的以忠勇之血花，集成了二戰區民族革命的煌煌戰果。

丙、民族革命軍政幹部總校

於廿八年初編組成立，原為集訓各軍軍政幹部分校畢業學員而設。迨各種分校訓練完竣後，為了展開爭取敵叛佔領區知識份子及革命青年，充實抗戰陣營計，乃使該校廣事收訓敵區高小以上畢業學生，施以軍政初步訓練，以做專門教育之階梯。歷年以來，不但成為向心青年之集結園地，且成為本戰區軍政民各級幹部之初步訓練的熔鑪。

丁、民族革命幹部學校

自同蒲幹線以東重要城市被敵侵佔後，本戰區為了爭取淪陷區一般民眾，明祕的參加抗戰工作計，乃迭經選拔外貌愚拙，內心惠敏，且具有高度之民族意識、國家觀念的軍政幹部，潛行返籍，從事組訓工作，惜訓練不夠，技術欠佳，工作效果殊少表現。二十八年冬乃設專校——民族革命幹部學校——專收淪陷區高小以上畢業失業失學青年，以及本戰區有志特務工作之青年，以作特務幹部之初步訓練。歷年以來，不但完成了有組織、有系統的特務組織，且切實的打入了淪陷區各階層各種組織中，從事目前諜報之傳遞與今後內應細胞之繁殖，尤對敵我交錯區民眾之組訓工作，造成了不可磨滅之宏果。

三、訓練目標

甲、第二戰區幹部訓練團

子、學員隊

為適應幹部補充之需要，召集各部隊中下級軍官，授以當前對敵之學術，以增進作戰上必要之智能。

丑、步砲協同訓練班（步兵輕重兵器訓練班）

為使各級戰術指揮官及幕僚，與砲兵及步兵輕重兵器指揮官，在戰鬥上加強相互間之連繫與協同之方針，在戰術上增進其協力之智能，以達成戰鬥戰術殲敵之宏效

寅、游擊幹部訓練班

1. 學員隊

召訓游擊部隊幹部，以整理游擊部隊，增強作戰能力，俾能配合正規軍從事戰鬥，達成殲敵任務。

2. 特務組

為訓練深入敵偽內部，進行瓦解工作，並收容戰區內外貌愚拙、內心惠敏之適齡幹部及戰地失學失業青年，徵求志願，派遣四鄉，從事催毀敵偽政權，繁殖內應細胞等工作。

卯、通信射擊訓練班

1. 通信隊

為適應戰時通信人員補充，加強通信技術，召集並調訓有、無線電技術人員，施以嚴格的訓練，俾進其智能，鍛鍊其體魄。

2. 射擊隊

調訓各部隊下級軍官及軍士，施以確實之射擊訓練，以期加強其射擊技能，增進其射擊道德，培養其射擊軍紀，提高其射擊指揮，俾發揚步兵輕重兵器之高度威力，以養成一彈炸中一敵之戰鬥技術。

辰、防毒衛生敵偽政工幹部訓練班

1. 防毒隊

因器材缺乏，暫緩設立，現正籌備訓練中。

2. 衛生隊

使受訓人員精研疾疫預防，熟練救急處置，增進醫療技能，促進軍隊衛生。

3. 敵偽政工隊

為配合游幹班之訓練目的，特注重摧毀敵偽政權，瓦解敵偽軍隊，爭取漢奸內向，策動偽叛反正等特務技術之培植。

巳、編餘軍官補訓總隊

為儲材備用計，特召集各部隊編餘軍官，予以充分的補習教育，俾增進其軍事智能。

午、軍士教導總隊

以實應軍士之補充，特招收中下士級軍士，施以嚴格訓練，造就優秀軍士，完成班排一切戰鬥技能，奠定小部隊戰鬥基礎。

乙、青年軍官教導團

招收富有革命性之初中以上畢業學生並選拔軍政幹部，編撥優秀與體魄健壯之學生施以各業科專門訓練，俾成為富有犧牲精神之健全初級軍事幹部。

丙、軍政幹部學校

招訓戰地失業失學青年學生，授以一般的軍政基礎學科，畢業後依成績志願分別使之深造。

丁、民族革命幹部學校

招收淪陷區高小及同等程度之失學兒童，授以軍政基礎學科及普通特務智能，以培養健全的敵工初級幹部。

四、歷年卒業人數

甲、貳戰區幹部訓練團

本團一至八期共畢業幹部為數甚多，計學員隊一至八期共八二六八人，軍士隊一至三期共為三八七三人，步砲協同訓練班一至六期共五六三人，五、六兩期內合併舉辦參謀短訓班，畢業人數為一九八人，至第七期改為機砲訓練班，已畢業者計二期共八人，游擊幹部訓練班一至八期共四一三二人，通信射擊訓練班一至八期共四一九〇人，防毒衛生敵偽政工訓練班一至八期共三七七八人，編餘軍官補訓總隊一至三期共三四七三人，以上總計三零五六五人。各班隊仍繼續召訓中。

乙、青年軍官教導團

歷年以來共計訓練四期，一至三期已畢業者四二六零人，第四期仍續訓中。

丙、軍政幹部總隊

歷年以來共計訓練五期，一至四期之已畢業者為五一五六人。

丁、民族革命幹部學校

歷年以來共計訓練五期，一至四期已畢業者二二五零人。

五、各訓練機關現在受訓人數

甲、戰區幹部訓練班

1. 學員隊

   現為第九期，受訓人數六五零人。

2. 軍士教導總隊

   現為第四期，受訓人數一零一二人。

3. 游擊幹部訓練班

   現為第九期，受訓人數四二零人。

4. 防毒衛生敵偽政工幹部訓練班

   現為第九期，受訓人數四五零人。

5. 通信射擊幹部訓練班

   現為第九期，受訓人數四六零人。

6. 機砲訓練班

   現為第三期，受訓人數八零人。

7. 編餘軍官補訓總隊

   現為第四期，受訓人數三五零人，因人數過少，尚未正式開課。

此外奉令於本團內成立工兵軍士隊及防毒軍官軍士訓練班，現正籌辦中。

乙、民族革命青年軍官教導團

現為第四期，受訓人數一七二四人。

丙、民族革命軍政幹總校

現為第五期，受訓人數一二八六人。

丁、民族革命幹部學校

現為第五期，受訓人數三七三人。

六、駐地概況

本戰區轄境，除呂梁山西南部之狹小地區外，其大部均為敵我奸叛交錯區，為了適應抗戰況，兼顧補給容易計，各訓練機關住地之選擇，須適時分散於山谷之中偏僻之地，實行分地訓練。闢土為室，砌石成堂，但一經暴政肆虐，仍須採用游動遷移之行動訓練，倍嚐艱苦，何堪言喻。然我各級職教學員，咸能遵奉委座「管教養衛」之主旨，及閻長官「教學做用合一」、「教育生活戰鬥一致」之召示，教者循循善誘，學者孜孜不倦，互相砥礪，向著自給自足、自發自奮的戰時教育之坦途，勇往邁進，造成了成千萬的「有氣節」、「有企圖」、「人格第一」、「能力第一」的革命幹部，奠定了抗戰建國之復興基礎。

七、結語

本戰區外受敵偽之物資封鎖，內遭無恥奸叛之恣意擾攘，生活用具之補給固倍艱難，而教育訓練之時間，亦受到無情之比限。然我各級幹部咸以大無畏之精神，必成功之信念，克服一切困難，加強訓練，雖經費支絀，生活維艱，器材缺乏，設備欠週，而學員生均能淬礪自奮，安心向學，不以為苦，相反的，更激動了全體教職員竭盡知力、力圖補救的創意艱苦作風，教學雙方尤能在努力進步、進步努力之下戰勝一切困難，功績卓著，何容諱言。歷年來與訓幹部在工作表現上說，確實於本戰區黨政軍民各項工作上起了基幹模範作用，就工作效果上說，在本戰區支持華北、保衛西北、屏障西南之偉大任務中，造成了抗戰必勝、建國必成之決定因素，惟以任重道遠，綆短汲深，雖竭盡棉薄，猶恐未逮，缺陷之處，在所難免，瞻前顧後，■■良多、區區之處，何敢自譽，尚乞海內外教育宏碩，不吝金玉，時加指正，俾資遵循，戰區幸甚！國家幸甚！

第二戰區部隊戰地整訓綱要

卅一年五月十五日頒佈

一、為適合戰時需要，使部隊在戰鬥中學習，由學習中戰鬥，特定戰地整訓綱要實施之。

二、整訓項目仍依照本年度部隊整訓中心重要工作，配合現實環境而訓練之，其要領如左。

甲、繼續加強戰鬥能力

子、射擊教育

1. 部隊無論在作工或行動中，每日必須抽暇練習瞄準一、二次，以持續士兵射擊技能，當疲勞時、劇動後，尤須抽空練習，以期適合戰時需要。故在陣地及任務區域附近，預想敵人位置設置各種不同之目標，使士兵利用工事或地形，多行戰地射擊練習，及手擲彈投擲練習，瞭解現地景況，並行距離測量、目標發現授受等基本戰鬥動作。
2. 為切合實戰之要求，應在射擊教育時間，對射界之清掃、基點之標定及死角之消滅等，並預設各種戰況，熟練就射擊位置之動作、目標之選擇及其射法之運用等。
3. 每月各種比賽習會之子彈及獎金，可利用在陣地上及任務地多作單人戰鬥射擊，以切合實戰之要求（接近敵人之部隊應在陣地後方演習之）。

4. 特賽因事實限制暫緩舉行，除獎金請領及各等射手、投手統計表照舊呈報外，其餘暫可停止。

丑、部隊演習

以團為單位，營以上實施幹部演習，連以下實施戰鬥指揮演習，假設各種戰況之攻防，對於部隊之指揮，及士兵之戰鬥動作，以精熟減少自己損害、加大敵人損害，其應實施課目如左。

1. 攻擊

（一）單人利用地形地物，及前進、停止、射擊、衝鋒諸戰鬥動作，並斥候、布哨、傳達、連絡等勤務。

（二）部隊之戰鬥部署與接敵運動、戰鬥指揮及援隊預備隊之使用與動作，並警戒、搜索等勤務。

2. 防禦

（一）偵查陣地構築工事及兵力部署，與警戒配備等。

（二）預設各種戰況，演習進入陣地及應戰之處置與動作。

（三）步哨斥候及對空警戒之動作。

（四）援隊預備隊之使用，及逆襲出擊動作。

3. 活炸彈、活地雷、狙擊手配合於攻防戰鬥之運用，及其戰鬥法之演練（參照活炸彈、活地雷、狙擊手戰鬥法）。

4. 輕重火器之運用，及與步槍兵之協同戰鬥動作，應假設情況特別演練之。
5. 在演習中或戰鬥時，各級幹部應注意檢查士兵射擊瞄準，及利用地形地物之動作是否適當，如發現錯誤，即時改正，並教育大家。
6. 基幹戰士由連長指導員，隨時與特種任務，並鼓勵其勇氣，使能在戰鬥中起先鋒領導作用（如活炸彈、活地雷、狙擊手之發動指揮，及鼓動其情緒等工作），以保證戰鬥之勝利。

寅、精神教育

以革命行動、鐵軍讀本為主，經常在陣地上利用休息時間講解背誦，並分組擇要討論，以期確實明瞭。

乙、實行軍保民換得民助軍

子、在戰時部隊，對於軍風紀最易廢弛，為確實做到軍保民換得民助軍，以達勝利團力計，應加緊實行左列各項。

1. 按照組兵確實建立鐵軍小組，實行彙報突擊及祕密保證制度，做到守紀律、不擾民、不偽裝、不潛逃、不裝懦。
2. 組織紀律糾查組，在行軍宿營及駐紮時，糾查欺民擾民行為，及祕密檢舉報告，在作戰時，糾查潛逃裝懦份子，及擾民情形。

3. 在駐紮地，組織軍政民聯合辦事處，並設置密告箱。
4. 厲行便探必戒十條。
5. 實行接觸教育。

丑、責任：應仍按照晉綏軍各部隊第三期整訓中心重要工作負責督導實施辦法，實行軍保民換得民助軍責任辦法實行之。

寅、考核：各部隊及連絡官，每月呈報本會軍保民換得民助軍報告表暫為停報，應將實施情形由視察人員隨時呈報本會。

卯、獎懲：本會按各部隊違犯紀律情節及督導努力與否，分別予以獎懲。

丙、檢舉軍隊十病

應遵照司令長官手諭：「團政務會議切實負責改正，師政務會議負責檢查督導。」由視察人員隨時發覺檢舉，並實行豎的連帶、橫的連鎖責任辦法，以資澈底糾正。

三、本綱要於戰事結束後，即行停止，仍依照各部隊第三期整訓中心重要工作負責督導實施辦法施行之。

四、本綱要自令發之日起施行。

經濟方面

經濟方面

第二戰區經濟建設委員會概況

一、沿革

「抗日經濟建設運動協會」為「經濟建設委員會」之前身，於民國二十七年冬成力於山西之吉縣，以「解除抗戰期間之物資困難，奠定民族復興經濟基礎」為宗旨，其具體任務，則為恢復、扶助、擴大舊有之手工業，建立並推廣新興生產事業，調整產銷、墾荒及組織，羅致技術人材，經營數月，先後成立實驗工廠、機器麵粉廠、農業實驗場等三處。二十八年春，第二戰區高級幹部會議於陝西宜川之秋林，通過「民族革命經濟政策案」，舉凡經濟、財政、金融、產銷等，無不包羅，咸認承辦此事須有一正式機關負其責，「經濟建設委員會」遂於是成立，四年以來，逐漸發展，迄已有工廠十餘處矣。

二、組織

總會會長由第二戰區司令長官兼任，實際負責人為祕書長，下設祕書室一、組四、設計委員會一，附實驗室。祕書室管理撰擬來往機要文件。第一組，分掌貿易統制、產銷整理、運輸管理等事項。第二組，分掌生產事業之工務業務。第三組，執掌會計事項。第四組，分掌調查統計與總務事項。設計委員會，負全會事業之設計與實驗責任。所屬工廠，各設廠長。

三、經費

經協會時期及經建會初成立數月中，所有經費及各廠資本，均由第二戰區長官部撥發，前後共計九十萬元之譜。二十九年春，經濟部復增撥資本九十萬元。

四、現狀

總會現設山西吉縣之克難坡，設計委員會設西安，各廠則分設於陝西涇陽、宜川及耀縣一帶，所有各廠資本、職工人數、產銷情形，均見附表。

第二戰區經濟建設委員會所屬各廠場情形表

<table>
<tr><th rowspan="2">廠場名稱</th><th rowspan="2">資本</th><th colspan="2">產品</th><th colspan="2">現有職工</th></tr>
<tr><th>名稱</th><th>年產數量</th><th>職員數</th><th>工人數</th></tr>
<tr><td rowspan="2">紡織第一廠</td><td>102,400.00</td><td>各種粗細布</td><td>3,600 疋</td><td>15 名</td><td>110 名</td></tr>
<tr><td colspan="5">沿革：二十八年十月一日開辦，於三十一年一月起實行工包制度，成績頗見良好。</td></tr>
<tr><td rowspan="2">紡織第二廠</td><td>200,000.00</td><td>各種粗細布</td><td>6,000 疋</td><td>21 名</td><td>125 名</td></tr>
<tr><td colspan="5">沿革：二十九年一月一日開辦，於三十一年一月起實行工包制度，成績頗屬良好。</td></tr>
<tr><td rowspan="2">紡織第三廠</td><td>200,000.00</td><td>各種粗布</td><td>5,000 疋</td><td>26 名</td><td>110 名</td></tr>
<tr><td colspan="5">沿革：三十年四月開工，於十一月間因資金缺乏，購紗困難，暫行停工，現在尚未復工。</td></tr>
<tr><td rowspan="2">紡織第四廠</td><td>300,000.00</td><td>各種紗布</td><td></td><td>4 名</td><td></td></tr>
<tr><td colspan="5">沿革：二十九年四月一日籌備，因研究製造新紗機，尚未開工，現又試驗成功大量製造，俾解除各廠之紗慌。</td></tr>
<tr><td rowspan="2">克難紡織廠</td><td>902,741.00</td><td>16 支綿紗</td><td>120 大包</td><td>9 名</td><td>11 名</td></tr>
<tr><td colspan="5">沿革：三十一年二月一日籌備，十月十日開工，該廠使用印度式小型紡織機，試驗成績頗良。</td></tr>
<tr><td rowspan="2">克難毛織廠</td><td>100,000.00</td><td>各色毛毯</td><td>1,300 條</td><td>5 名</td><td>17 名</td></tr>
<tr><td colspan="5">沿革：三十一年五月一日開工。</td></tr>
<tr><td rowspan="2">皮革第一廠</td><td>25,000.00</td><td>花旗皮
各種鞋</td><td>1,400 張
6,000 雙</td><td>8 名</td><td>45 名</td></tr>
<tr><td colspan="5">沿革：二十八年十月一日開辦，於三十一年一月起實行工包制度，成績良好。</td></tr>
</table>

廠場名稱	資本	產品		現有職工	
		名稱	年產數量	職員數	工人數
皮革第二廠	60,000.00	花旗皮	1,000張	10名	13名
	沿革：二十九年八月十一日開辦，於三十一年一月起實行包制度，成績良好。				
鋼鐵廠	2,100,000.00	鋼鐵		22名	40名
	沿革：二十九年四月一日籌備，原係經濟部投資三十萬元，嗣以經濟困難無法進行工作，乃由行政院第二戰區經委會續投資三十萬元，現又由山西人民公營事業董事會投資一百五十萬元，正進行工作中。				
鐵工廠	100,000.00	修造各種機器及零件		16名	68名
	沿革：二十九年五月一日開辦，於三十一年一月起實行工包制度，成績優良。				
衛生材料廠	5,500.00	藥棉花 藥紗布	9,000磅 3,500磅	4名	15名
	沿革：二十八年十月一日開辦，於三十一年一月起實行工包制度，成績良好。				
化學工廠	12,581.00	肥皂	100,000條	4名	7名
	沿革：二十九年四月十一日開辦，於三十一年一月起實行工包制度，成績良好。				
克難電燈廠	379,130.00	供給電燈		7名	11名
	沿革：三十一年二月一日開辦。				
造紙廠	26,150.00	報紙	6,000刀	2名	10名
	沿革：二十九年五月開工，於三十一年一月起實行工包制度，成績良好。				
農場	無資本貸款性質	穀類	50,000市石	5名	36名
	沿革：二十八年四月一日開辦。				
連陞商行	200,000.00	搶購敵區各種物資		30名	
	沿革：三十年一月一日開辦。				

第二戰區經濟作戰處之工作綱要

一、奪取物資

甲、發動搶糧

各師管區派機動小部隊及各村狙擊組員經常分赴淪陷區域搶運，以祕密方法說服人民，使其與敵送糧時，自動祕密報告我方，以便腰擊、伏擊或搶奪，並相機運用有效方法打擊敵人的經濟封鎖隊，以免阻礙我方搶運工作。

乙、組織密輸隊

在汾孝區策動商會，聯絡愛國商人，協同人民組織密輸隊，利用人民拉麥拉炭大車相機加以偽裝，載運物資，配合游擊部隊掩護運輸，並用種種工具及方法祕密輸送物資於我方。

丙、策動商號

遵照戰時爭取物資辦法大綱及戰時搶購物資品目表，由淪陷區搶購。

二、管制物資

甲、遵照戰時管理進口出口物品條例嚴格實行，對於禁止進口貨物，除在敵我交錯區查禁外，復在沿河渡口、小船窩軍橋等處稽查渡運，以資禁絕。

乙、為防止貨物逃運及價格暴漲，令各縣商號將現有貨物中奢侈與奢侈品一律分別登記，如不按手續登記之貨物，經查獲後嚴予處罰，凡登記過之貨物，經評價後方准出售。

丙、建立全區村封鎖線，先從汾孝區做起，指定負責人員廣泛展開防衛工作，在通平遙之瑤圃、大孝堡，通介休之梧桐、下柵，通汾陽之高陽鎮、下堡等地，嚴格實行封鎖，除由淪陷區搶購物資准予在指定地點通行外，所有我區之米、麥、棉之必需品等一律查禁輸出。

三、管制金融

甲、打擊偽幣，發動各級幹部深入民間，廣為宣傳敵偽銀行欺騙行為，引起民眾厭憎偽幣情緒。

乙、為防止物資逆流，嚴禁淪陷區向我區購貨，違者嚴懲。

丙、在附近淪陷區村莊派武裝幹部經常執行稽查任務。

丁、破壞敵人誘收銀幣之陰謀，以免敵人吸收銀幣、貶低法幣。

四、教民藏糧藏布藏機

因敵人迭次進犯，所經地方對人民衣食所需之糧布及紡織機等焚燒搶掠，鉅細靡遺，為使人民瞭解敵人焚掠可畏，提高警覺自動儲藏，爰擬定藏糧藏布藏機辦法頒發各縣，責成縣級幹部宣傳督導考察，並定為本期中心工作。

五、實行自給自足

指示各縣擴大生產，限制消費，並強制人人勞動，達成各村的自給自足。

甲、衣自足

由各縣分配種棉田畝數，發動婦女每人多紡五斤花。

乙、食自足

由各縣減少不必要之農產物，並發動農民每人多種十畝地。

丙、用自足

文具、工具、飯具等物品按調查統計之需用數量，研究製造。

六、調查本省米麥棉之產量

令各縣將本年收穫彙報，以便統計。

查本部為打合抗戰的局面，就各地現有生產工具作流動性生產，以達到產品之豐富便宜，以故本部於民國二十九年八月間開始成立，計陸續領資二十九萬元，先後在鄉、吉、隰縣、宜川等縣設有造產廠號十六處，組織均按資本及產品之多寡，設經理、司賬、技師而組成之，各該廠號之資金、產品均詳列於表（附表一紙），經二年之製造，所出產品有香油、葫油、大蔴油、豆油、豆醬、甜麵醬、黑麵醬、豆瓣醬、芝麻醬、豆腐、豆芽、腐乳、腐干、韮花、寬細粉條、粉麵、生活肥皂、毛口袋、馬搭子、紙菸、養豬、軍鞋、便鞋、各種大小磁碗、大小磁甕、白酒、黃酒，另組運輸隊四負運輸之責，並在克城開辦產銷社（附表一紙）專門供給，惟物價核定不隨市價漲落，按採購成本及所支旅運、包裝等費核實釐定，在不虧不盈原則下盡量供給，亦有以部分之物資為人人必需品時，即以分配之手段以達供給之目的，近來正在極積努力改進中，擬於最短期內增設織布、織襪、織紗……等製造廠，以期完成自給自足之目的。

太原綏署生活部　總經理　齊淮卿

副總經理　左　埏

民國三十一年十一月

太原綏靖公署生活部所屬造產廠號一覽表

民國三十一年十一月

廠別	簡稱	資本	成立年月	經理姓名	產品	全年產量	職工人數	廠址
第一廠	斌記	20,000.00	29年9月	柴培奎	油酒	油54,000斤 酒6,000斤	員7 工友20	吉縣蔡家川
第二廠	東川源	2,500.00	29年10月	劉家成	醋	48,000	員5 工友9	吉縣東川源
第三廠	進步菸廠	2,000.00	29年10月	甯新三	紙菸	15,000條	員4 工友7	鄉寧柳澗村
第四廠	一心成	1,000.00	30年1月	王富貴	油	6,000斤	員2 工友3	吉縣文昌
第五廠	十錦號	5,000.00	30年3月	李耀龍	醋	50,000	員5 工友12	吉縣
第六廠	軍鞋廠	7,500.00	30年3月	丁清匯	鞋	12,000	員3 工友10	吉縣
第七廠	永盛粉房	7,000.00	30年5月	甯新三	粉條	25,000	員3 工友7	鄉寧
第八廠	鄉寧磁廠	2,000.00	30年5月	龐漢柱	磁器	34窰	員3 工友21	鄉寧
第九廠	龍泉油廠	5,000.00	30年7月	李向忠	油	30,000	員5 工友10	隰縣

廠別	簡稱	資本	成立年月	經理姓名	產品	全年產量	職工人數	廠址
第十廠	新絳油廠	1,000.00	30 年 7 月	甯新三	油	40,000	員 5 工友 12	新絳縣
	永利號	3,000.00	29 年 10 月	梁石文	豆腐豆芽	56,000	員 1 工友 4	克難城
	增盛醬園	4,000.00	29 年 11 月	徐登洲	醬菜	10,000 斤	員 1 工友 5	宜川縣
	鄉寧毛織廠	5,000.00	30 年 1 月	傅光海	毛口袋	2,000	員 1 工友 3	鄉寧
	新生毛織廠	10,000.00	30 年 1 月	姚席珍	毛布	500 疋	員 5 工友 12	隰縣
	生活肥皂廠	3,000.00	30 年 2 月	甯世銘	肥皂	400 箱	員 1 工友 3	稷山縣
	隰縣醬園	3,000.00	30 年 3 月	侯恩俊	醬菜	20,000 斤	員 1 工友 5	隰縣
合計	16	90,000.00		16			195	

附記

查表列各廠人數有員工多而產量少者，廠內多有副業，如一廠養豬供給首腦部肉食，亦有員工少而產量大者，以所出產品需用過急，即增設額外人員，但不列入編制，如鄉寧毛織廠，是以故產品與人數即有不符。

太原綏靖公署生活部銷售部門一覽表

民國三十一年十一月

項別／名稱	經理姓名	全年銷售量	地址	備考
產銷社	左　埏	4,200,000	克難坡	
零食部	李銘三	36,000	克難城	
運輸一隊	丁清海	75,000	吉縣	牲口 4 頭
運輸二隊	張東雲	75,000	吉縣	牲口 4 頭
運輸三隊	侯恩俊	150,000	隰縣	牲口 8 頭
運輸四隊	陰直卿	90,000	吉縣	牲口 5 頭

附記

一、查產銷社每日約售洋萬餘元，零食部一千餘元，統計全年如表列。

第二戰區各級幹部兵夫眷屬勞作社組織綱要

一、本綱要依「第二戰區各級幹部兵夫眷屬生活解決辦法綱領」第十四條之規定訂定之。

二、本社資金由眷屬勞作管理委員會按實際需要核定，呈請司令長官指撥之。

三、本戰區各級幹部兵夫之眷屬皆有參加本社工作資格，凡報名參加勞作者，得稱為本社「社員」。

四、本社業務暫以下列各項為原則：

1. 紡織（或紡毛線）
2. 縫紉
3. 製作鞋襪
4. 洗染
5. 製食品
6. 其他家庭副業

五、各地勞作社在首腦部者，由眷管會直接管理，在各地者，由眷管會派人辦理，當地縣政府負責協助。

六、本社工作方式分為集體、家庭兩種，由社員自擇之。

七、各社在可能範圍內，得設立托兒所、幼稚園，予社員勞作上以便利。

八、社員勞作除自備工具、原材料做成之成品，按市價由勞作社收購外，其餘工作悉採工包制，其所需工具、原材料完全由本社供給之

九、各社員製做成品必須依照社內規定之尺度、分量及期限交付，不得短少或逾限，違者得酌減其工價，

但有特殊情形逾限者不在此限。

十、本社設經理一人，負本社事務之總責，下級幹事若干人，承經理之命，分別辦理社內一切事務。

十一、本社每月應支經費，由收入項下開支，其編制大小及經費預算，應按實際情形呈請眷管會核定之。

十二、本社職員之待遇採薪給制，應需食糧及服裝得依照本戰區供給辦法辦理之。

十三、本社每屆年終結算一次，其所得純利分配如下：

一、以百分五十為擴充業務之基金。

二、以百分三十為社內職員及社員之獎勵金。

三、以百分二十為公益基金。

十四、本綱要如有未盡事宜，得隨時修改之。

十五、本綱要自令發之日施行。

新記西北實業公司之復業與現狀

查西北實業公司之成立，厥初因閻先生百川目睹國難日迫，生產落後，乃謀急起直追，造產救國，爰頒定十年建設計劃從事籌備。時經年餘，於民國二十二年八月成立，迨至七七事變已設有輕重工業二十餘廠，不幸太原失陷，大部機器淪沒。西遷之初，因清理舊務停頓年餘，旋以生產綦重，急謀恢復，惟因董事、監察兩會人員散居敵區，梁經理因病辭職，遂由彭士弘秉承閻先生百川之命，於二十八年七月在陝西宜川縣復業。當時以舊時資產負債未能清理完結，故於復業之後冠以新記二字以資區別，資本暫定為壹千萬元。嗣以冬季受陝北時局威脅，被迫南遷，為避免空襲及節省闢地建廠計，遂擇定涇陽縣魯橋鎮利用公產租賃民房分別佔用。本公司於復業之後，即計營毛織、紡織、機器、火柴及化學等廠，除火柴、化學二廠現正建造，尚未開工外，餘廠均於復業之初開始生產。

（一）關於技工之招募訓練，各廠設有訓練班，迄今已養成技工五百餘人。

（二）關於原料物料之購運儲備，由公司統籌，並於西安、洛陽、鄭州、寶雞、重慶及山西吉縣等處分設辦事處，辦理購運及爭取敵區物料事宜。

（三）關於工程及技術之改進，除規定各股技術人員專門研究外，每週中開工作技術增進會一次，頗收集體進步之效，如西北金波式輪紡機之發明（另附說明書一份），已呈請經濟部准予專利在案，並利用國產原料製造各種化學藥品及棉毛紡織技術上之改良均有新穎收穫。

（四）關於出品之產銷，統由公司管理，因技術之改進，成本漸就合理，價廉銷暢，產量遞增，尚無失調情事。

雖抗戰以來舶來料品日感困難，而本公司力圖設法代替，尚未致影響工作。迨遠東戰起，緬甸失陷，需料困難較前又甚。因本公司利用土產品代替辦法，除大尺度鋼鐵及特殊料品努力由敵區爭取儲備外，其餘雖有困難，仍能解除，未成嚴重問題。惟現因物料艱難，儲備量時需增加，技術改進、產量遞增所需工料費用亦多，且交通困難，運輸費時，購料提早，銷貨延遲，佔款量時有增加，以致流動資本不無困難，此則本公司之復業與現狀也。

新記西北實業公司所屬工廠一覽表

廠名	地址	資本	出品	人數	
				職員	工人
新記西北實業公司紡織廠	陝西涇陽縣魯橋鎮	本廠直屬公司資本由公司統籌辦理	10^5 棉紗（月 4,350 斤） 白粗布（月 740 尺） 各色細布（月 1,180 疋）	男 20 人	男 440 人 女 60 人
新記西北實業公司毛織廠	陝西涇陽縣魯橋鎮		毛嗶嘰（月 2,500 碼） 毛呢（月 1,500 碼） 毛毯（月 400 條） 手工毛線（月 2,500 磅）	男 16 人	男 210 人 女 90 人
新記西北實業公司機器廠	陝西涇陽縣魯橋鎮		6 輕式車床（月 2 部） 16H 柴油機（月 1 部） 西北金波式輪紡機（月 320 錠）	男 10 人	男 150 人

文化方面

文化方面

抗戰中第二戰區文化事業發展概況

在敵人恣意摧殘蹂躪之下，六年以來，第二戰區之文化事業，始終與軍事、政治相配合，蓬蓬勃勃，向勝利復興之途邁進。一方面固由於軍政首長之維護倡導，而文化人艱苦奮鬥之精神，亦足多錄。

文化事業之範圍甚廣，戰時物資缺乏，行止靡定，自難按步就班，面面俱到。惟一般從事文化工作者，類能不避艱險，出入槍林彈雨之中，憑其筆鋒舌劍，與敵搏鬥，或摘發奸謀，或宣揚民意，或沉思室內，精研學術，或獻身台榭，厲我士氣，其途異，其衛國禦侮之心則一。

過去五年中，第二戰區文化事業之發展，約可分為兩個階段。第一階段，自抗戰開始，至二十七年冬，為時一年有餘。當太原會戰之前，山西固有文化機構，仍舊保存，如學校、報社、科學館、教育館，以及印刷機關，無不應有盡有。同時平津學子之流亡至太原者，又極眾多，咸集中於山西犧盟會與總動員實施委員會旗幟之下，從事各式宣傳工作，以促進全面動員。太原淪陷後，第二戰區之軍政中心移至晉南之臨汾，閻司令長官創辦民族革命大學，以造就革命青年為目的，一時全國青年志士，負笈而來者，達數千人，其所研討講授者，皆為抗戰期內之一切實際問題，編印叢書，發佈全區，民大隱然為當時第二戰區之文化中心。同時長官部及各級政工機關，咸附設民革室，專以灌輸闡發抗建思想為務，從此第二戰區部隊中之文化工作，始建其基礎。臨汾陷後，敵騎幾遍全戰區，賴我軍、政、民合作，建立堅固之游擊根據地，與敵反覆搏鬥，凡半年有餘，幾於無日不在砲火震盪中。此時從事文化工作者，隨軍轉移，出入敵區，表面上似屬暗淡，實則文化根柢，從此愈益堅固。

第二階段，自二十八年四月，秋林高級幹部會議，以至最近，凡三年有餘。此期可謂第二戰區文化事業之重建與繁榮時期。抗戰最初年餘中，第二戰區之舊有文化機構，被敵軍摧殘蹂躪，幾已盪然無餘。至此我全國上下，對於抗戰前途，咸有明確之認識，於是各自站定崗位，一面努力抗戰，一面計劃復興。戰時文化事業之重要，愈為社會所公認。秋林高級幹部會議時，關於發展第二戰區文化事業之決議特多，邇後秋林即成為第二戰區文化事業之中心。一時文化機關及團體，如雨後春筍，應運而生。其著者有：文化抗敵協會、文化委員會、抗戰復興社、物勞學說研究會、現代化編譯社。印刷機關則有：陣中日報社、黃河印刷廠、晉興出版社、後方印刷廠。同時出版之刊物有：四新月刊、政治週刊、西線文藝半月刊、民族革命半月刊、新社會月刊、犧牲救國週刊、戰區通訊旬刊、勞動農民月刊等十餘種，若將全戰區之油印刊物計入，約達五、六十種。報紙則有：陣中日報、黃河日報、抗救報、戰鬥報、興華報、晉源報，總計亦不下十餘種。至於各種圖書、教材，或屬於專門研究，或屬於普通宣傳，經各出版社印刷流行者，約百餘種。此外若文化抗敵協會領導下之歌劇隊、民革通訊社，對文化之傳播，尤多貢獻。二十九年以後，因物資困難，各種刊物，略形減少。然文化工作，反愈積極，凡我政權所及之地，皆設文化站，俾我後方出版物，皆獲運送至最前方，以供給我士兵及民眾之精神食糧。三十年夏長官部附設研究室，搜購國內外時事圖書，專供研討時事問題之參考。同時各種刊物亦大加合併，計全戰區內之定期刊只餘：民族革命、戰時政治、革命動力、革命生活、村本政治、連本軍隊等六種，惟臨時油印刊物，尚有數種。陣中日報篇幅亦較前縮小，此乃基於事實問題，抗戰最後階段中必然之現象也。

第二戰區文化事業現狀

一、學術機關

1. 物勞學說研究會
2. 山西科學館
3. 現代化編譯社
4. 民族革命社

二、宣傳機關及團體

1. 文化抗敵協會
2. 歌劇隊
3. 戰地宣傳隊（民宣隊）
4. 劇宣二隊

三、新聞及通訊機關

1. 陣中日報社
2. 民革通訊社
3. 正中通訊社

四、印刷機關

1. 黃河印刷廠
2. 陣中日報社
3. 晉興印刷廠
4. 後方印刷廠

五、重要刊物一覽表

1. 革命行動週刊
2. 民族革命月刊
3. 新社會月刊
4. 戰時政治半月刊

第二戰區抗戰忠烈錄

第二戰區抗戰忠烈錄

一、將士

張總監培梅

張培梅字鶴峯，山西崞縣人，少有大志，慨清政不綱，外侮迭至，於是投筆從戎，入保定協和速成學堂。在校聯絡同志，從事革命，奉總理孫中山先生命與河北王文山、陝西錢定三等組織上谷同盟會，會員近百，內設敢死隊，公推梅為隊長。辛亥前一年，卒業返省，任新軍二標三營排長，標統即今第二戰區司令長官閻百川公，嘉梅忠義，富民族國家觀念，因與密計革命事。武漢起義，梅佐閻公光復三晉，以功升營長。民初數載，率部馳驅綏包雁塞間，所有剿匪征蒙諸役，無不躬與。民六，任督署參謀長，適陝匪郭堅犯晉南，梅奉命往剿，不兩月而盪平，因留充晉南鎮守使，任職八載，德威並施，地方賴以安靖。民十二，任正太護路總司令，駐節石莊，匪氛悉平。旋解甲歸田，鍵戶讀書，此後十餘年間，非國省遇鉅變，不輕出，亦不輕言。民十五，晉級陸軍中將，視之漠如也。九一八事變，憤慨極深，益究心新舊兵書。抗戰軍興，初我軍屢失利，平、津、南口相繼淪陷，雁北各縣亦岌岌可危，第二戰區司令長官閻公，任梅以第二戰區軍法執行總監。梅治軍嚴，其出也，懦將驕卒莫不聞風奮厲。原平死守，忻口血戰，梅與有力焉。太原棄守，梅隨軍次隰縣，與省主席趙公次隴，日夕激勵士卒，籌計反攻，謂「晉人應死守晉土」。翌年二月中旬，敵大舉南犯，汾隰公路，戰甚劇，我軍再失利，梅憤恚甚，欲以死厲諸將，因言「抗日救國，不成功，則成仁，吾法不行之人，當行之已」，詭以事差左右他適，為書致閻公，從容仰藥。旋為左右所覺，主席趙公進解藥，不飲，會戰事益急，隰縣垂危，被挾至大寧，毒發而歿，年五十有四，時民國二十七年二月二十六也。國府明令褒揚云：「張培梅秉性剛方，持身廉潔，早歲參加革命，歷任軍職，夙著勳勤。此次抗戰軍興，執法無私，罔避勞怨，乃以憂憤殉職，悼惜殊深，應予特令褒揚，追贈陸軍中將，交軍事委員會從優議卹，並將生平事蹟，存備宣付史館立傳。」

梁旅長鑑堂

梁鑑堂字鏡齋，河北省蠡縣人。民初入北京清河陸軍預備學校，旋由陸軍部選送入日本士官學校第十五期砲科肄業，十一年卒業返國，任陸軍第十六混成旅上尉參謀。十三年秋國民軍蹶起，轉任國民軍第三軍第一混成旅少校參謀，旋兼任本旅教導團教育長，廣儲下級幹部，嚴加訓練，其後該旅轉戰各地，隱然為一時勁旅，鑑堂與有力焉。十五年轉戰至包頭，以功升砲兵團團長，十六年隨軍入晉。十七年參加北伐戰役。十九年升保安第六旅旅長，二十二年調充陸軍第十三軍六十九師二零三旅旅長職。居恆廉潔自持，真樸待人，臨陣輒身先士卒，歷險如夷。嘗謂中國軍人之懦怯自私，殊屬可恥。抗戰後，奉命援大同，乘夜襲擊豐稔山，予敵重創。既而我全軍改守雁門平型陣線，會戰近週，屢殲頑寇。敵勢窮，乃分股竄犯，其一股二千餘人，砲二十餘門，於二十六年九月二十六日迫近應縣繁峙間之茹越口，鑑堂率部搶堵，以三團兵力，守七八十里之防線，工事未備，倉卒應戰，歷三晝夜，雙方傷亡均重。惟敵援續增，我則糧彈俱盡，鑑堂猶百端掙扎，以期爭取時間，後無奈，始率參謀衛士及旅部能作戰人員，全體加入火線，搏鬥至二十八日拂曉，敵湧至，機槍集中射擊，鑑堂頭腹部均受重傷，流血過多，竟爾殉國。臨終語不及他，但云報告總部得一棺足矣。卒年四十，遺子三女二俱幼弱，軍委會特准進一級優卹。

姜旅長玉貞

姜玉貞字連璧，山東荷澤人，少孤，起身行伍，好學不倦。民國六年，由山西陸軍第一混成旅幹部營畢業，歷任司務長、排連營長。北伐告成，入中央軍官學校高等教育班第三期，求深造。卒業後，任山西陸軍第三團上校團長，洊升至少將副師長，一九六旅少將旅長。性儉樸，耐勞苦，勇於任事，堅忍不拔。治軍甚嚴，令必行，禁必止，而於士兵艱苦，體恤入微。初隸三十四軍楊效歐部，二十五年晉西之役，累戰有功，尤以碾頭之戰為著，國民政府授以四等雲麾勳章。抗戰軍興，初參加晉北各役，後以茹越口被敵突破，我大軍向新陣地轉移，增援之師未集，閻司令長官特命玉貞率部固守原平，阻敵南下。原平地勢平坦，故為忻崞間商貨通衢，亦太同汽路、同蒲鐵道並經之地。玉貞既至，集部下而申儆之曰：「吾奉命死守是地，今日之事，有我無敵，此吾輩成仁取義時也，諸君幸勉旃。」倉卒間工事未備，部署未定，而敵板垣師團之前鋒，已迫臨矣。自二十六年十月三日至十一日，血戰近旬，敵源源增加，陸空互應，坦克數十輛為前驅，極盡兇惡之能事，玉貞始終沉著指揮，不以器械窳敗而氣餒，後援弗至而沮喪。所部官兵亦均英勇奮發，堅苦用命。初戰於火車站、汽車站附近，斬敵左藤大尉以下數百，既而退守堡垣，肉搏血戰，雖敵機終日猛炸於上，坦克巨砲衝轟於外，廬舍為墟，死傷累累，弗顧也。最後工事盡被摧毀，演成激烈巷戰，煙硝瀰漫，毒氣騰沸，猶復憑據破屋數處，以僅餘之手擲彈，猛烈投擊。我之犧牲，固極慘重，而敵傷亡更數倍於我，十一日黃昏，玉貞率殘部三百餘人由堡東北隅坑道，作最後衝鋒，中彈大呼曰：「吾為抗戰成仁矣，後死者，務求努力」，遂殞，年四十有四。敵焚全鎮三日，火光照數十里，官兵忠骸均成灰燼，百姓聞之，知與不知，莫不流涕。國府明令褒揚云：「姜玉貞久隸戎行，夙稱忠勇，此次奉命抗敵，苦戰經時，堅守圍城，竟以身殉，眷懷壯烈，軫悼良深，應予明令褒揚，並追贈陸軍中將，平生事蹟，宣付史館立傳，交行政院轉飭軍政部從優議卹。」

趙旅長錫章

趙錫章字榮三，河北省河間縣人，保定陸軍軍官學校第九期步科畢業，歷任排長教官各級參謀等職。二十三年入廬山軍官訓練團受訓後，報國之念，愈益堅定。二十五年任十九軍上校參謀處長，駐防綏西，勤勞軍務，迭蒙國民政府褒獎。蘆溝橋事變起，慷慨請纓，轉戰晉北各地，艱苦備嘗。旋被調升為第十九軍二一五旅旅長，正在整編訓練之際，而敵即由太原傾巢南犯。汾隰公路，勢尤嚴重，錫章奉命扼守隰縣之川口楊村堡一帶陣地，二十七年二月十九日起，與數倍之敵血戰兩晝夜，所部傷亡殆盡，楊村堡遂陷重圍，錫章奮不顧身，親率特務排與衝鋒之敵作白刃戰，初身中兩彈，猶格鬥弗已，既而顱顳部被貫通，遂與世長辭。時二月二十一日上午十一時也，享年三十有四。

徐旅長積璋

徐積璋字耀堂，山西襄陵縣人。民國十七年，由太原北方軍官學校卒業，以成績優異，留校任助教，後歷充營長及太原綏靖公署中校參謀等職。二十一年考入陸軍大學，精研現代軍事學。二十四年冬卒業，任太原綏署參謀處上校副科長。翌年被派至五台一帶，監修國防工事，躬冒霜雪，勞瘁弗辭。二十六年春，任國民兵軍官教導團第一團團長。七七事變後，率決死第一縱隊，轉戰晉東各縣，時予敵以重創。臨汾既陷，積璋適轉任陸軍教導第二師第二團團長，負鄉寧東南地區防務。時吉鄉為第二戰區軍政中樞所在，敵不斷來犯，徐團適當要衝，半年之內，大小十餘戰，敵終莫越雷池一步。二十七年秋，晉升陸軍第二零五旅旅長，兼第七行政區保安司令，建節汾南，以稷王山為根據，大剿奸匪，地方賴安，至於軍紀之嚴明，尤為民眾所稱譽。稷王山幅員狹小，敵寇環伺，積璋發動民眾，協助駐軍，於山內外，遍築工事，敵數來犯，皆蒙鉅創而退。敵深忌之，於二十七年十二月五日，集結安、運、河、稷、聞、萬之敵五千餘，挾巨砲十餘門，分路向稷王山圍攻，積璋率部千餘抵禦，自辰至未斃敵砲兵大佐軍官一員，士兵二百餘。無如眾寡懸殊，器械差池，以致所構工事，多被摧毀，敵密集部隊在熾盛砲火掩護下，蜂湧衝入，積璋正在八將門督戰之際，不幸中彈而殞，年僅三十三歲。閻司令長官稱其「英勇壯烈，實勘矜式」，蒙中央按中將例給卹。

呂團長超然

二十六年九月十二日廣靈戰役，敵鈴木兵團，陸空連合七千餘，將我右翼東西加斗陣地突破後，企圖蓆捲而下，我七十三師四二四團適當其衝，官兵奮勇迎擊，傷亡慘重，頗現動搖狀態。呂團長超然，率預備隊一連，向敵逆襲，斃敵三百餘，敵為披靡。時已黃昏，忽流彈中呂團長左臂，血染征裳，面色慘白，而仍繼續衝殺不輟，左右有以稍息為請者，超然厲聲曰：「成仁之機已至，當與陣地共存亡。」言未竟，連中敵砲數彈，其左右官兵二十餘，同時於彈片交織中，忠勇殉國。

盧團長儀歐

盧儀歐字次韓，河南滑縣人。早歲肄業於國立東南大學，既而轉入金陵軍校，及中央步兵學校，深究現代戰略戰術。卒業後來晉，任中校團附，二十四年薦升至上校團長，訓練部屬，辛勤有方，同儕咸譽為青年軍官之表率。抗戰軍興，預役崞縣，迭摧敵鋒，斬獲特多，旋奉命轉守忻口，擔任正面陣地。自二十六年十月十八日起，與敵反覆衝殺三晝夜，躬冒砲火，沉著指揮，用能屢復失地，遏敵兇燄。至二十一日，所部傷亡逾半，猶復激勵屬從，作最後努力，雖身受數創終日未獲進食，仍堅苦支撐，氣不稍餒。後被砲片傷及頭胸腹各部，遂以殉國。臨終猶高呼殺敵，所部奮戰不退，生還者僅十餘人而已。

劉團長良相

劉良相字亮臣，山西山陰縣人。為人倜儻，有俠士風，山西陸軍學兵團第一期步科畢業，歷充排連營長及參謀等職，參加北伐之役，每戰身先士卒，以勇敢稱。二十六年十月初旬，敵板垣兵團越雁門南犯，良臣時任第十九軍七十師四零七團團長，扼守崞縣北關防地。敵陸空呼應，砲火兇烈，復不斷增援，向我猛衝。良相親率所部，以刺刀、手擲彈作殊死戰。歷五晝夜，斃敵第一聯隊中隊長和田正之以下官兵五百餘。嗣後敵以重砲野砲二十餘門，步騎五千餘，在空軍協助下向縣城數面圍擊，北郊陣地首被摧毀，良相氣憤填胸，義不徒生，直向敵陣前衝，遂與團附高振麟同時中砲殉國，卒年三十有九。

李團長秀亭

李秀亭，河北正定縣人，出身行伍，謹飭好學，以功累擢至第十九軍第七十師四零八團團長。二十六年十月中旬，忻口會戰，秀亭於刪日率部據守南懷化以東高地。曾於一夜之間衝鋒十餘次，所部營長二人負重傷，士兵傷亡十之六七，仍復嚴督殘部，奮勇反攻。初右手被炸傷不之顧，未幾左臂又被轟折，更舉已傷右手指揮，終因血流不止，於十月二十日殉職，卒年四十有五。

石團長煥然

石煥然字成文，山西絳縣史村人，少年英爽，自山西省立第一中學畢業後，投入北京邊防軍軍官教導團肄業，後從軍數年，又入太原軍官教導團深造，以是經驗學識，均極豐富。參加北伐各役，屢著戰功，薦升至團長。民國二十三年調充第七十師四一零團團長，駐後套屯墾，振興水利，肅靖地方，綏民至今稱之。抗戰以還，轉戰晉北及雁門關南各地，每能遵命完成任務。二十六年十月七日，崞縣告急，煥然奉令反攻城北東橋村陣地，是時敵二千餘，飛機二十餘架，重砲二十餘門，已將東橋陣地摧毀無餘，北城牆亦被轟場十餘丈。比石團趕至，敵已充入城內，因即展開劇烈之巷戰，煙硝瀰漫，咫尺莫辨，煥然連投手擲彈數十枚，敵為披靡，不幸為機槍所中，竟爾捐軀，卒年四十有二。

趙營長隱峯

趙隱峯山西絳縣人，性爽直，富毅力，九一八事變後，痛國難益急，東渡日本，入士官學校第二十七期砲科，意在察彼虛實，明彼軍事設備，以資我方借鑑。民國二十六年夏返國，適值抗戰軍興，蒙委為晉綏軍砲兵第二十三團第一營營長，喜殺敵機至，請纓出征，初驅馳於雁北各地，既而參與忻口會戰，任大白水砲兵指揮。二十六年十月十八日，步砲聯合之敵數千，輔以飛機十餘架，向我大白水陣地猛犯，隱峯親冒砲火，遍赴各放列地點指揮，摧毀敵砲位數處，阻遏波浪衝鋒之敵，我軍陣線，賴以暫安。旋敵增援反攻，敵機復更翻轟炸，情況萬分緊急，隱峯毫不為意，反將觀測所推進距大白水千餘公尺之東高村堡上，觀察指揮，以是發彈多命中，大挫敵鋒。不幸為敵機所發現，機砲同時集中轟射，我砲位被毀，隱峯亦以身殉，卒年僅三十，尚未成婚。

姚營長公元

姚公元字藎臣，河北東明縣人，弱冠，慨國勢阽危，棄學從戎，隨軍十餘年，由排長薦升至營長。民國二十五年，入中央軍校洛陽分校第四期肄業，翌年秋卒業。時我全面抗戰，已經展開，華北之敵，瘋狂奔突，一股由冀察窺平型關，公元夙在晉綏軍服務，亟請北上，效命疆埸。返隊未久，太原棄守，晉綏軍整編後，任第十九軍六十六師二零三旅四零三團三營營長，駐防隰縣附近，簡練部卒，晝夜不懈。二十七年二月，敵犯晉南之役，率部轉戰隰縣、大寧各地，恆能本節短勢險之義，肉搏猛衝，使敵之優勢武器無以施其威。三月初旬，殲敵數百於永和之桑壁鎮、毛咀山，尤為上峯所嘉獎。五月初旬，十九軍奉命圍攻中陽，公元奮不顧身，躬冒彈雨，以軟梯爬城，致傷左肩。嗣我軍改變策略，以斷援困敵為務，公元復率部游擊於中離公路左近，每出不意，予敵突襲，鹵獲冠同曹，蒙司令長官嘉獎，並晉級中級，公元愈益奮厲，曾圍攻敵二百餘於太高村溝內，一舉而殲之。未已敵圖報復，由全羅鎮調集重兵數千，陸空聯合，向該營圍擊，公元力戰，初敵未逞，既而敵濫施毒氣，我陣地為所破，公元復揮刃格鬥，戰甚劇，所部多慘烈犧牲，公元頭部忽中彈，與營附李岩崑以下官兵數百同時殉焉，時民國二十七年六月十三日也。

楊隊長兆環

楊兆環字玉銓，山西左雲人，民國二十五年卒業於國立北平師範大學文科英文學系，歷充北平五三中學、光華中學教員，蘆溝橋事變時，適任太原成成中學級任導師。雁北淪陷，太原警報頻傳，學校無形停頓，環返籍，從事民運工作。二十六年東，環父集賢被命為山西第二區行政專員，轄治左雲、岢嵐等十二縣，時敵騎縱橫，人心浮動，不肖之徒，乘機為亂地方，環承父意，糾集同志，發動民眾，徵集器械，不匝月而有眾二百餘，被編為左雲縣保衛團，對於誅鋤奸偽，維護政權，無不殫精竭力以赴之。左雲縣偽城防司令皇甫明、匪徒王世傑，皆先後被俘斬，閭閻賴安，人懷其威。二十七年五月調任二區專署幹教隊總隊長，率部游擊於雁北各縣，每出不意，予敵奇襲。至於壞敵交通，肅靖奸徒，猶其餘事。敵深銜之，劫其祖父，伯父使召環父子，全家矢志不屈，敵終無可奈何。二十八年六月，大同、天鎮、陽高等縣之敵，受環威脅，惴惴不安，於十七日深夜各路並集，以二千餘眾，圍繞於大同東之團寶山。兆環不以為意，從容佈置，與相搏鬥，敵飛機大砲兼施，我僅憑步槍與手擲彈還擊，相持竟日，終為所破，環與各大小隊長及政工人員六十四人同時就義，年僅二十有九。

薛營長章敏

薛章敏字文華，山西解縣人，素性剛直，胸懷大志，初入山西陸軍步兵一團學兵隊習軍事，繼充排連長數載。抗戰後，以功擢陸軍暫四十五師第二團第二營營長，恆以「殲滅倭奴，收復失地」自勵勵人。民國二十九年十一月中旬稷王山之役，敵六七百，分三路向該營圍攻，章敏沉著指揮，毫不退縮，更鼓勵士兵云：「敵人愈進，愈是瞄準打的好機會，大家要作一個為國犧牲的民族烈士，不要作一個臨陣退縮的懦種。」以故士氣振奮，搏鬥達五小時，後親代受傷之機關槍手射擊，予敵重創，不幸為敵彈中傷多處，竟爾殉國，卒年三十二歲。

王師長鳳山

王鳳山字鳴岐，山西五台人。民國十七年，由太原北方軍官學校二期工科畢業，歷充連、營、團長。抗戰以來，參加茹越口，及方、離各戰役，所向有功。二十九年調充長官部整理處副處長，對於訓練鐵軍計劃，頗多建議。三十年升二一八旅旅長，未幾復升三十四軍暫四十五師師長。三十一年春汾南敵騎縱橫，絕我糧道，虐我民眾，我政權幾不能行使，閻司令長官特令三十四軍渡汾，王師為前鋒，一面掩護徵糧，一面拯撫百性。鳳山軍次於萬泉西北，積極向敵襲擊，斬獲頗多，六月十七日拂曉，河津、萬泉、榮河各據點敵千餘，坦克六七輛，分七路向我王師第二團陣地張翁村猛犯，激戰至申，敵續增至二千餘，我軍漸失利，鳳山為挽回頹勢計，親率預備隊逆襲，戰於薛里，敵砲火極烈，鳳山不許言退，初臂部負傷，仍繼續指揮，既而腹部連中數彈，遂殞，年三十有八。鳳山性敦厚，勤學問，在校每試冠同曹，其治軍亦復孜孜研討不輟，人嘗稱其為軍事理論家，經此後，人更服其忠勇云。

劉營長成華

劉成華字亞東，江蘇沛縣人，山西騎兵教育隊畢業，從軍二十餘年，歷充排連營長等職，參加戰役凡數十次，無不奮勇直前，所向有功。民國三十一年夏任騎一軍第四師第十一團第三營營長，時第二戰區積極打擊敵之經濟封鎖政策，呂梁山麓，汾水左近，不斷發生據點爭奪戰，與掩護軍實徵輸之遭遇戰。六月二十五日拂曉，成華率部八十餘，由汾陽羅城鎮徵糧完畢返防，途次汾陽西南之康寧堡．猝與步砲五百餘，汽車十九輛之敵相遇，當即展開激戰，自晨至午，勝負未判。既而汾、平、介、太各據點敵二千餘，紛集增援，先以砲轟，繼施毒氣，成華身負重傷，猶忍痛指揮，並高呼「寧死不作俘虜」激勵隨眾。最後據樓房六處，繼續鏖戰，敵技窮，舉火焚樓，我烈士於煙火瀰漫中揮刃喊殺如故，結果成華與左右七十六人，同時殉難。敵之傷亡三倍於我，閻司令長官特令於死難地點，樹「民族靈魂」碑，以旌忠烈。

李營長如意

李如意字文淵，山西高平縣人，太原軍官教導團畢業。性倜儻，重義氣，治軍作戰，蜚聲三晉。民國三十一年，任暫五十師第三團二營營長，五月下旬奉命進駐鄉寧稷山間之黃花峪，負掩護徵運食糧任務。時稷、河、新絳之敵，竄擾甚劇，迭被我李營重創於稷山北面之張開西附近。敵羞怒之餘，突於六月十日，糾集二千餘眾，挾山砲、重砲十餘門，機槍二十餘挺，分道猛撲，我軍雖以瞄準打，死不退之精神，堅強抵禦，無如兵單防長，致右翼高地被突破，如意知轉移非利，乃集結餘眾百餘，死守土堡，並大聲疾呼曰：「此時撤退，必多數作無價值之犧牲，吾輩軍人，以殺敵為任務，應固守土堡，多殺幾個敵人。」一時士氣大振，連敗六次衝鋒之敵，聚殲竄入堡內之敵三十餘。相持至翌日拂曉，全堡陷重圍，如意復高呼：「好男兒不作俘虜」，直戰至全部犧牲，無一繳械者。是役我以少當眾，殺傷逾三四百人。閻司令長官特為樹碑旌表，並通全軍，以昭激勵。

王營長治國

抗戰進入第六年代，華北之敵，在第二戰區不斷創擊之下，泥足深陷，始終不克越黃河一步。呂梁山者實晉西之屏障，第二戰區軍政中心之所在，敵忌之深，時思加以摧毀，賴我將士用命，終未獲逞。三十一年七月中旬，汾陽之敵數千，挾砲四五十門，附以飛機數架，突犯孝義，圖危隰縣，撼我吉、鄉中心區。我騎一軍禦之於孝義東北之中村、淨化，因眾寡懸殊，首被包圍，激戰終日，情勢愈益不利，一二不肖之徒，將圖苟且偷生，治國時任騎一軍一師二營營長，憤慨甚，率部繼續衝殺，身中三彈，猶格鬥弗已，後敵亂放毒氣，左右多中毒，治國知事不可為，遂以手槍自戕，其臨難不苟，與不作俘虜之精神，身為長官所嘉許。治國山西五台縣人，曾充排連長及團附等職，血性過人，重義輕生，卒年三十三，聞者咸為痛惜。

彭連長永祥

彭永祥字瑞卿，山西靈邱縣人。抗戰以還，歷任准尉特務長、少中尉排長，及上尉連長等職，轉戰南北，出入火線，未嘗以個人生死介於中，職位之隆卑，更非所屑計。寡言笑，堅信仰，每談國是，輒義形於色。三十一年夏，華北之敵圖撼我晉西革命根據地，屢犯沿山據點，思先絕我糧道，陷我軍於飢困，然後一舉而掃蕩之。閻司令長官特以維護糧道為各軍重要任務，並以活炸彈活地雷激勵各部，以故士氣奮發，人懷忠義，咸願為民族國家犧牲，華靈廟者，我鄉吉區通汾城、新絳要衝，山下軍糧輸入之孔道也。我暫三十七師第三團第三連一部奉命固守該地，永祥時為第十九軍暫三十七師第二團第八連連長，率部駐守華靈廟以北二十里之店兒上陣地。六月八日晨，汾絳敵千餘，分道入犯，以次迫近華靈廟，情勢至為迫切，時已黃昏，永祥挺身而出，大聲呼曰：「願充活炸彈者從余」，當時自報奮勇者凡三十一人。夜將半，永祥即令各挾炸彈多枚，銜枚疾走，分奔敵營。不幸一股為敵所覺，以熾盛砲火，猛烈阻止，致排長一員，士兵六人，身受重傷，不能前進，餘二十四人均奮勇衝入敵陣，與敵膠著一起，肉搏混戰，敵二百餘名圖將我壯士包圍殲滅，永祥至此復厲聲曰：「活炸彈拉火」，於是轟然一聲，血肉橫飛，我壯士二十四人遂與敵同歸於盡矣。未遂所志。事聞，閻司令長官深為震悼，特給優卹，並於華靈廟豎「民族靈魂」碑，以彰忠烈云。附華靈廟殉國壯士表。

周排長明玉

周明玉字璧臣，山東金鄉縣張家莊人，弱冠從軍，歷充中下士職。七七事變後，參加平型關忻口各役，以功擢七十一師少尉排長。二十七年八月調任二一四旅游擊支隊排長，二十八年三月奉命率部由汾陽前莊村動員新戰士，將歸交城，道出馮家山底偵知敵軍千餘，由吳城向汾陽竄擾。明玉以殺敵有機，不以職責自限而少弛，遂伏山背，待敵前衛已過，大隊逼邇，即以輕機槍步槍熾盛火力，猝起猛擊，斃敵甚眾，前衛倉卒回援，明玉已率部分登山頭，佈成犄角之勢，自午及申，以數十人禦敵千餘，血戰半日，再接再厲。迨彈援絕，明玉亦身受創，乃以所餘一手溜彈，向敵猛擲，因以身殉，卒年三十二歲。事聞，閻司令長官電請政府，特予進二級給卹，並通令全軍褒揚，建碑於死地方，且曰全面全民抗戰，不重擊退敵人，而重打死敵人，雖敵眾我寡，伺隙擊殺，始為勝敵方策，該排長以一排之眾，遇敵在千人以上，敢以寡擊眾，實可開伺隙殺敵之風，其任務本係發動新兵而能自動殺敵，大可矯游而不擊之劣風。蔣委員長以為知言。因交軍令部編作戰史，並飭政治部編作宣傳資料，激勵全國將士。

任班長占鰲

任占鰲山西稷山人，陸軍第三十三軍七十一師四二七團一營三連中士班長。抗戰年餘，累負重傷，癒即返回本隊，無待令促，人咸服其忠勇。民國二十八年六月十六日，隨本連游擊於離石李山家附近，與敵四十餘遭遇於李莊，我當將此股敵包圍村內，計畫盡數殲滅。占鰲奉令率全班十餘人佔據村南高地，伏擊來援或脫逸之敵。適敵指揮官一員，士兵八九十名，向李莊增援。占鰲俟其接近，突起猛襲，敵大亂，且戰且竄，占鰲奮不顧身，乘機將持日旗之指揮官抱定，意圖生俘，餘敵回援反擊，占鰲知難達到目的，急行躍墜崖底，與敵指揮官同歸於盡。事聞，閻司令長官以占鰲舍生取義、忠勇殺敵，堪為軍人模範，特電請中央予以特卹。

中士李守關

李守關年二十六歲，綏遠包頭人。八十三軍六十六師一九七團九連九班中士長。於投擲手溜，每試居第一。民國三十年奉令在河津琵琶原放哨，每日拂曉，即佈置士兵於預期敵來必經之要道，待機伏擊。四月二十一日，固鎮西磑口之敵二百餘，由北午芹柳巷，向我琵琶原進犯。守關指揮全班，當即射擊，激戰一時，敵掃數向我包圍，守關以眾寡懸殊，恐陷不利，乃率部向後山轉移，自帶兵二名，以衝鋒槍掩護退卻，正激戰間，戰士蔣同義已中彈殉國，守關亦腹受重傷大腸迸出，復填腸裹腹，忍痛應戰，向敵掃射，待敵退始攜槍返連，送至後方，因流血過多，無法醫治，於翌日上午十時與世長辭。閻長官親題「忠勇義烈」四字，勒石墓前，以旌忠烈。

下士劉洪臣

劉洪臣山東新泰縣人，民國三十一年春充陸軍第二十三軍七十三師二一九團二營五連九排下士。時晉敵正厲行經濟封鎖政策，組織封鎖隊，巡邏汾河兩岸，專以劫我食糧為務。閻司令長官特簡派精銳部隊，分向山下出擊，以維我糧道，掩護運輸。七月十五日洪隨軍至新絳縣史家莊附近，掩護糧運，與步騎四五十附重機槍一挺、擲彈筒兩具之敵遇，雙方激戰良久，我陣地被敵重機槍猛射，幾頻動搖。時我糧車尚未完全通過，勢不可退，洪奮不顧身，乃以活炸彈之決心，懷手擲彈數枚，隻身潛進至敵重機槍陣地，出其不意，連投數枚，當將敵機槍炸燬，斃其射手藥手數名，我陣地得以轉危為安，糧車亦安全通過，洪臣不幸於是役殉難。閻司令長官嘉其壯烈，特電請中央，准晉二級優卹。

二、官吏

郭縣長同仁

郭同仁字靜山，山西洪洞人。民國初年畢業於太原農產專門學校，山西初修公路，任晉南公路段長，以幹練升縣長，歷數任，皆以清明稱。二十五年調署朔縣縣長，朔縣為雁北重邑，政繁劇，位衝要，夙號難治，同仁處之，一切皆井然得理。二十七年九月中旬，冀察之敵，分數路犯晉，我大軍撤守平型雁門，雁北風雲變色，各縣行政人員咸惴惴不安，思隨軍隊退卻，獨同仁以守土有責不肯去，反檄全縣團丁集城內，隨警士作守禦計，士亦感同德義，樂為效死。初敵前哨竄城郊，同仁率隊驅逐之，更嚴為戒備。旋敵大隊數千淹至，同仁登城抵禦，躬冒砲火，從容指揮，頗予敵以損傷。越日城陷被俘，罵不絕口，敵憤而投之火中，竟以慘死，員警民眾殉難者達千餘人。

申縣長祐

申祐字受天，山西徐溝人，家世業商，祐獨聰慧好學，遂入校受讀，二十二年夏卒業於山西大學經濟學系。時山西正厲行組織民眾，祐被任為太谷縣政治工作主任，二十五年春山西主張公道團成立，祐任總團部科長。公道團之任務在喚起民眾、組織民眾、訓練民眾，以健全村政基礎，並對行政上負監察、糾劾之責，以造成廉潔政治為目的，事屬草創，無例可循。祐夙夜從公，精密擘畫，人咸服其忠勤。抗戰既起，山西實施總動員，祐被派為山西省總動員委員會第四區指導主任，在職數月，所有關於動員戰士、徵集物資，無不按時完成。二十六年十月末調充蒲縣縣長兼隰、大、蒲、永四縣行政指導員，接篆未久，敵即大舉南犯。第二戰區之軍政中樞及重要軍實物資，咸集中於吉蒲一帶，戎馬倥傯，供應紛繁，祐畢力調度，咸得其宜。二十七年三月一日，敵軍薄蒲縣城下，祐以公物尚未盡移，民眾猶多留住，不肯輕退，俄而城破，敵衝入，祐持手槍，斃其前鋒二名，忽敵大隊至，俘縛祐，祐大罵不止，遂遇害，年三十二歲，遺老母年七十，子甫三齡。百姓聞之，無不為之流涕。行政院特予褒卹，並准入祀蒲縣忠烈祠。

梁縣長雷

梁雷，河南鄧縣人，青年有為，富革命精神。二十六年太原會戰之前夕，山西省府特選英勇幹練之青年，賦以縣長職權，至淪陷區及接近敵區之縣份工作，以襲擾敵後，維護我方政權為目的。雷年二十八，當選為右玉縣長，翌年一月調任偏關縣長。偏關為晉西北要地，管轂晉、綏、陝三省交通，時我大軍雲集，敵常竄犯，雷到任後，積極組訓民眾，籌儲軍實，並協助軍隊阻擊來犯之敵，故頗著能名。二十八年春，太、靜、忻、崞等縣之敵大舉進犯晉西北，偏關縣城，一度失守，雷率僚屬警士，在縣境內游擊，三月十六日與敵數百遭遇，雷奮勇猛衝，致被包圍，與員警等三十餘人，同時殉難。山西省政府據情呈報，蒙行政院核准入祀昭烈祠。

劉祕書伯玉

劉伯玉，山西河津縣人，曾留學日本，任太原農業專門學校教員十餘年，太原淪陷後返籍。二十七年春，河津陷，出任山西第九區行政督察專員公署祕書，九專署設於鄉寧，與河津壤地相接，伯玉以桑梓人地較熟，特從事民運工作，每不顧危險，深入敵後，擴張我政權。二十八年一月三日，伯玉率男女幹部十餘人，正在河津史家窰附近分組工作之際，忽與由石磑口東犯敵千餘遭遇，應戰無力，逃避不及，致為所俘，不屈而死，年四十有二。同時殉難者尚有九專署科員姚廷蘭，股長張善餘等數人。

吳科長兆奇

吳兆奇，山西沁縣人。性倜儻，喜任俠。從軍十餘年，歷任國民軍第十三混成旅上尉副官，察哈爾省政府稽查處長，東北義勇軍游擊第一支隊隊長等職。七七事變後，任冀察游擊司令部補充團團長。二十九年任長治縣政府武裝科科長兼保安營營長。兆奇常以殺敵報國為志，苟利於抗戰，無不樂從，職階之崇卑，非所計也。二十九年四月二十日，華北之敵，以打通白晉路，掃蕩太行山為目的，糾眾數萬，分道向晉東南進犯，兆奇率部掩護縣屬各機關人員，向陵川退卻，二十二日晨，被敵包圍於陵川縣屬之田莊村，兆奇力戰突圍，終以眾寡懸殊，未獲如願。敵俘兆奇，威脅利誘備至，終不屈，五月二十三日，被慘害於長治東門外。享年四十。

郭局長圭璋

郭圭璋，絳縣人，年三十八歲，歷任清源、黎城、靈石等縣公安局局長。二十六年調任永濟縣公安局長，永濟陷後，退守中條山，掩護縣府推行政權。二十七年陰曆三月十日，敵人四出侵擾，於東堯之役，指揮所部，奮勇當先，與敵鏖戰，身中數彈，死於大郎廟。

降警長炳長

降炳長，介休縣公安局警長。介休地居同蒲鐵路之中樞，敵人據點甚多。二十八年十二月，縣府派地方武力，分赴各地，推行政權，炳長行至三佳村一帶，得報石河橋碉堡之敵，人數無多，遂於三十一日將所帶員警分別部署，一齊奮不顧身，衝入碉堡，與敵展開血戰，白刃交加，血肉橫飛之際，炳長竟被創而死，然敵亦盡數被殲，並奪獲敵之武器多種。

邊局長靖安

邊靖安，猗氏縣公安局局長。三十年夏，敵為加強統制，在牛杜鎮、百里店、郭村三處建立據點，設置偽公所。靖安為開展工作，粉碎敵人企圖，於七月五日，自羅村率隊出發，至夜十二時許到達郭村，令員警等攀梯踰牆，進襲敵人。不意方入六七人，牆土崩塌，被敵發覺，遂即開槍對擊，並以手擲彈投擲院內，一時煙火瀰漫，敵偽混亂，齊竄土窖，據牆抵抗。靖安為完成殲滅計畫，乃不顧一切，身先士卒，向敵衝殺，致頭部被敵手擲彈炸傷，然猶恃體健壯，忍痛衝殺。時猗氏各據點敵，皆聞聲來援，我方亦安然撤退，靖安終因傷勢過重，回至張岳，抱恨而亡，有警士陸子英者，亦於是役殉難。

三、教員

張景康

張景康，中陽縣龍門垣村小學教員，自晉西轉為戰區後，即致力抗敵宣傳，傳遞情報工作，異常辛勤。二十八年五月，柳林之敵游擊至村，被俘不屈，綁至村口，執行槍決。省府以該員壯烈殉難，至足矜式，故呈請行政院特令褒揚，並准入祀該縣忠烈祠，並依人民守土傷亡撫卹實施辦法優予撫卹。

張甲第

張甲第，垣曲縣第三區王村鎮初級小學校長。品學兼優，歷充小學教員二十餘年。抗戰後，努力兒童教育，極為辛勤。二十八年六月二十二日，敵以數千之眾，進犯垣曲，甲第因疏散兒童，收藏校具，未及躲避，致為日寇所捕，迭經嚴刑拷打，誘迫交加。甲第深明大義，寧死不從，致觸敵怒，加以非刑，挖眼剖腹，焚身斃命，為狀至慘。省府以其服務教界，夙著勤勞，此次被敵殘殺，軫念良深，特按照山西省戰時各級學校教職員卹金暫行條例給予卹金。

薛師善

薛師善，稷山縣西街村私立修治小學教員，於二十九年三月十日，率領學生正練習八段錦之際，日寇抵村，強迫引路，因嚴詞拒絕，遂遭殘害，省府照章撫卹，以昭來茲。

郭在勛

郭在勛，隰縣陶上村小學教員。自敵發動侵華戰以來，即努力宣傳抗戰。二十九年四月三十日，縣屬回龍鎮逢集會，在勛率學生三十餘人，前往會場，宣傳抗敵，正在慷慨激昂，熱烈緊張之際，忽雙池之敵，繞道來犯，一時會場大亂，在勛因照料學生，未及躲開，致被慘斃。行政院明令褒揚，並准入祀隰縣忠烈祠。

陳士瑞

陳士瑞，絳縣蓋家溝村小學教員，事變之後，領導學生宣傳抗日，頗具熱忱。二十九年七月，敵人九路圍攻晉東南，進佔陳村據點，士瑞適放假歸里，猶一面幫助家中收割，一面宣傳抗日，遂被敵逮捕，迭經威脅利誘，迫令充任偽維持會長，士瑞深明大義，嚴詞拒絕，敵以其倔強違抗，並偵知其弟士信亦係抗日份子，遂濫施毒打，竟致殞命。士瑞服務教育界，十有餘年，此次臨難不屈，義氣凜然，深堪矜憫，行政院特令褒揚，准入祀該縣忠烈祠。山西省政府復按人民守土傷亡撫卹實施辦法，從優給卹，用旌忠烈云。

四、紳民

陳敬棠

陳敬棠，字芷莊，忻縣人。父逢泰，以孝友稱。敬棠早歲入縣學為廩饍生，既而厭棄帖括，遂究心經世之學。清末預備立憲，公被推籌備諮議局事，逾年成立，被選為議員。民國二年，當選為第一屆國會參議院議員，七年任山西六政考核處股長，十年任山西村政處副處長，十五年晉處長，十六年兼任晉綏財政整理處處長，十七年任山西省政府委員，仍兼村政處處長。凡所設施，皆因時適變，不主故常，尤知人善任。為村政處處長時，輯六政輯要、村政輯要各一部。十餘年來，山西政治改進之概要，略備於是。十九年因病辭職，旋被選為山西省營業公社董事，並代理董事會主席。二十三年山西省文獻委員會成立，被推為常務委員，二十五年山西省公營事業董事會成立，當選為董事，二十六年春敬棠以病假歸。七月七日蘆溝橋變起，未幾而敵蹄即蹂及忻境。十一月初旬，忻口淪陷，敵自奇村直趨縣城，路經嘉禾，其酋慕敬棠名，叩門強謁，威脅利誘，逼充偽職。敬棠聲色俱厲，嚴斥其侵略行為，敵羞憤成怒，以所配指揮刀，直刺敬棠右額，遂昏絕倒地，敵去乃甦。集家人而言曰，國勢如此，我義當報國，徒恨衰病之軀，未能效命疆場，然亦何忍偷生苟存，靦顏事仇也。當如宋江萬里、明劉宗周之從容殉國，與故鄉故存亡。言畢，迫其長子出門，子身赴陀羅山避寇以存陳氏血脈。遂與妻段氏及家人等六口，同時仰藥死，卒年六十有五。生平好集錄金石碑板，宣揚鄉賢著述，山西各縣金石，搜藏略備，著有秀容詩文存、忻縣古蹟名勝詩文錄行世。詩稿四卷，藏於家中。晚歲編印洪洞王椅映雪堂詩文鈔、忻縣王錫綸怡青堂全集、周天益六書存等書行世。

趙錄

趙錄字登庸，左雲人。性孝友好客，喜交游，能急人之急。民國十三年由北京高等師範博物科畢業，遂加入中國國民黨，歷任榆林中學教員，山西綏遠察哈爾省省黨部組織部祕書，山西省立二中二師兩校教員，山西省青年團高級幹委，太原新中日報社社長。民國二十六年七七事變，錄在籍，聯合同志，擬組織地方武力，未幾大同淪陷，左雲距大同百餘里，朝發夕至，錄方糾合同志謀抵抗，有勸之逃者，錄慨然曰：「此正吾成仁報國時也，安可逃。」左雲既陷，敵圍其居，錄與其從弟鑾，族兄銘，族弟鐘、銖、鎔等五人，挺身而出，為敵所執，迫其出任偽組織，終不屈，兄弟五人同時殉難，此民國二十六年九月間事也。

李樹棠

李樹棠，山西中陽縣人。充太原省會公安局科長多年，廉介方正，著於省垣。倭寇西侵，并汾淪陷，挈眷返里，避居山陬。敵騎入中陽後，迫其出任維持會長，始終竣拒不屈。並每於敵宣撫班下鄉宣講後，召集附近村民，揭其陰謀。親友或以明哲保身相勸，輒以「大丈夫當舍生取義」答之。楊總司令星如，軍次離石，棠間道往謁，備述敵虛實，並進策略。楊嘉之，委以第六集團軍諮議。旋復返里，不受薪資，簡報時通，敵偽深忌之，廣佈耳目，道劫入城，迫令任和平救國會會長，堅不允。敵酋冰島，復逼充縣區要職，亦不應，兵刃環列，誘脅交加，毫不為動。既而敵以優禮相待，加以軟禁，棠知難免，於二十九年二月十四日服毒殉國。

王繼賢

王繼賢，山西離石柳林鎮人，曾充柳林商會會長，服務地方三十餘年，生平行誼，為眾矜式。七七事變後，令諸孫或從戎抗敵，或參加民運工作，以為鄉里倡。二十六年冬，太原淪陷，大軍集中離，繼賢雖年近古稀，猶辦理差務，使軍民相安。二十八年九月，日寇犯柳林，乃避居鄉間，嗣聞敵寇搜索甚急，復挈全家，移住中陽縣屬之後嶺村，一面舌耕度生，一面為我軍刺探敵情。二十九年五月七日，為敵所獲，初許以偽職，不應，既責其何以維持中國兵，賢答曰：「中國人當然要維持中國兵」，敵憤而脅之行，賢破口大罵，敵愈怒，以槍連擊，遂遭慘死。事聞，國府明令褒揚云：「離石士紳王繼賢，罵賊不屈，慘遭殺害，正氣昭然，洵足矜式，應准予入祀離石忠烈祠。」

趙至善

趙至善字新民，山西平陸人。七七事變發生，適由北平朝陽大學畢業，轉道回籍，以抗敵救國，鼓勵地方人士。二十八年六月初，敵犯中條山，至善與附近男女二百餘，同避難於頭村山洞。旋被敵發現，當場創害我青年數人，餘盡虜至敵酋駐在之東坡村，迫令排跪將以機槍射殺，至善義氣慷慨，態度從容，敵察而異之，帶入司令部，嚴加詢訊，欲知我軍情況，至善以日英語對，力辯己乃學生非軍人，並言無辜村民，殺之何益，敵敬服，釋放老幼數十名，留至善與壯健者三十餘，使之轉運彈藥。遇我軍三十餘被俘，將被慘害，至善復向敵酋婉言勸釋之。六月十日早，途次韓村，至善以解救同胞之目的已達，乘機圖逸，為所覺，大聲罵敵，謂「寧死不作漢奸」，敵憤而刺殺之，卒年僅二十七歲。行政院特令褒揚云：「山西平陸縣民趙至善，秉性忠貞，志切為國，二十八年夏，敵陷平陸被執，設法營救同胞百有餘人，終乃罵賊而死，成仁就義，智勇兼全，應予褒揚，以彰正氣。」

沈麟德

沈麟德字瑞庵，年四十一歲，山西榮河縣人。歷充太和莊等四村聯合村長十餘年，抗戰後猶能埋身公所，策劃村務。二十八年九月九日早，我軍一部與敵開火後到村，麟德善為招待膳宿，迨我軍去後，敵軍追至，因有漢奸先已詳報實情，致敵怒詰我軍去向，麟德堅答不知，當場即被戕害。

賈超江

賈超江，山西聞喜裴杜村村副，二十八年十月二十五日，敵寇步騎五百餘進犯該村，超江率村民協助守軍，堅強抵抗，敵以傷亡過重，調裝甲車增援，衝入村內，復又展開激烈巷戰，敵寇雖終被擊退，但超江與村民五十七人，皆作壯烈犧牲。

康福茂

康福茂，山西聞喜冷泉村人，冷泉梨凹居交通線之旁，迭遭日寇騷擾，兩村村民為自衛計，借紅槍會名義，祕密成立人民殺敵自衛團，約定攻守互助，共保閭里，每日站崗放哨，盤查奸細。民國二十七年陰曆八月二十八日，敵軍一部六百餘，自中條山敗退，道經冷泉，欲強收步哨武器，康福茂見狀，即鳴鑼聚眾，齊執槍刀，與敵肉搏，敵人亦用機槍掃射，雙方激戰之際，梨凹村民聞訊趕至，自敵後衝殺，激戰一時許，殺敵五名，傷敵四名，我英勇烈士康福茂、康全元、烮五元、梁倉娃、康天德、康文彬、康維傑、李庚娃、烮煥星、康堂娃、程近堂、李徐娃、康德發、康雲龍、李清秀、高喜良、康滿囷、康如璧、康學讓、康福高、康林娃、燕觀江、賈德勝、康名山、康福祿、烮煥章、李廷盈、尚登科等，壯烈犧牲。敵攻陷兩村後，復用火焚燒，慘殺康菊花、賈安氏、燕馮氏、康李氏等，是役為中條山民眾抗敵之最壯烈事蹟。

賈步陞

賈步陞，山西聞喜縣關村人，淳厚正直，忠義成性，歷任該村村長。二十七年痛敵寇殘暴，投袂奮起，聯合附近各村，組織連莊會，消滅土匪，捍衛鄉里，嗣以勢薄，又四出奔走，結合聞喜、稷山、新絳三縣村民，組織晉南紅黃槍公正聯合總會，自任總幹事，外抗強敵，內維治安，使聞喜北鄉安堵如故。復幫助縣府，分赴各村，勸導民眾，繳納二十七年錢糧。二十八年與二零五旅，合組劇團，宣傳國難，發揚民族意識，不意為漢奸關臨軒告密，乘步陞在近城各村巡視之際，派人逮捕回城，嚴刑拷打，迫問我方軍情，並灌冷水六次，步陞終未置答，至二月十一日，與中央軍密探二人，同時遇難。臨行慷慨述其抗戰事蹟，並高呼中華民國萬歲。省府念其一介平民，未受祿養，為國效命，慷慨捐軀，特給卹金五百元，以示優卹。

白得祿

白得祿，吉縣井圪塔村寨子上人，寨子地處偏僻，形勢險要，高約六丈。二十八年一月敵人進犯鄉吉，為漢奸所引，於一日架板而入，搜括大洋七百餘元而去。二日三日敵人復去劫掠，居民不堪其擾，據險以守，堅決抵禦，初以石子投擊，石盡則繼以鍋盌等物，相持兩日，敵不能逞，竟惱羞成怒，增兵百餘，於四日攻陷寨子。慘殺白得祿夫妻及小女二小兒一共五口，白福祿夫妻二口，白耀光夫妻及幼子二共四口，白滿倉夫妻二口，楊棍子之母與妻及子女七口，以及楊徐娃、張福田、鄧竹娃等，省府以該民等為自衛而死，表現我民族精神，足以增光史策，特請准在吉縣建立抗戰殉難紀念碑，以褒忠烈。

郭恆玉

郭恆玉、王拉臣、王全全、譚拾娃、國德海、李師兄，皆山西聞喜西山底村人，王玉如、任英業、王三臣、王小東等西灌底村人也。自敵佔領橫水鎮後，四出騷擾，姦淫婦女，無所不作，臨近村莊，還自動組織紅槍會，以圖自保，並實行聯莊辦法實行互助。二十七年七月十三日，敵數十人，自橫水向東灌底一帶滋擾，被菜園子紅學會步哨發見，急告東灌底村紅學會，並通告各村，以放槍為號，集合抵抗，一時東西灌底、東西柳家園、蔡薛等村，紅學會會員七百餘人，皆集合齊至，與敵相抗，敵見勢寡後退，被我追獲二十六名，當場格殺，並分途急追，至東橫汽路時，遇敵汽車七輛，載敵二百餘趕至，當即展開血戰，郭恆玉等十人，即於是時，同殉國難。

楊小畛

楊小畛、呂小格、王山根，山西絳縣董封人。二十七年十月二十六日，敵寇千餘進襲該村，敵聯隊隊長率十餘先頭進村，是時楊小畛等，集合同志數十人，皆愛國心切，奮不顧身，暗藏刀槍，乘敵不備，將敵聯隊長擊死，遂展開搏鬥，楊小畛等三人，同時殉難。

孔陽鎖

孔陽鎖，山西離石縣人，二十八年三月九日，敵軍路過牛家山，強迫陽鎖領路進攻神仙山我十九軍陣地，陽鎖乃誘敵攀登陡崖，迂迴環繞，使敵終夜勞頓，疲憊不堪，待至拂曉，已誘至李家山我軍火網之內，以致死傷甚眾，敵知誤入圈套，忿將陽鎖刺死。

孫懷鎬

孫懷鎬，山西翼城縣新聯莊村人，二十八年九月十一日上午，探知敵兵三名由翔山向新聯莊村而來，懷鎬等五人與十五軍便探一人，遂埋伏要路口，先著一人牽羊一隻，向我埋伏路口前進，以為餌敵之計，敵寇果乘機追來，我方連擲手擲彈二枚，敵即返走，我方隨以步槍追射，斃傷二名，逸去一名，懷鎬追去，將傷者補歸。是時翔山之敵聞訊，復派三十人下山，一部包圍村外，一部在半山用機槍射擊，懷鎬因押被俘之敵向六十五師收押，不幸正遇敵人，身中二彈而亡。

閻天祿

閻天祿，山西沁縣樊村人，志行堅貞，秉賦慈惠，為一縣人望所歸，二十八年六月敵寇犯沁，強迫天祿任偽維持會職務，騙取輿情，天祿以大義所在，嚴詞拒絕，敵人遂百般拷打，以遂所欲，天祿至死不屈，捐軀報國。

張隨成

張隨成，山西平陸縣大坪頭人，二十九年四月十五日，敵寇進犯中條山時，該村老幼，盡避於柴家溝附近溝中，敵人不時三三兩兩在溝中任意勒索，並侮辱婦女，張隨成怒其無禮，不忍坐視，暗中與張青山商通，乘敵不備，掀起鐮刀將敵人一名斫斃，二人用棍打死，將寇屍隱藏水濠。事後被漢奸告密，敵派隊前往，將張隨成、劉從政、劉三梅、劉四梅等盡皆捕去槍決。

劉思中

劉思中，絳縣南喬野村人，南喬野村距城八里，居民二百餘戶。廿七年七月□日寇侵入絳縣，派兵一部盤據該村，屢逞獸慾，橫凌村民，思中與李藏信等目擊心傷，恨不得生食其肉，以雪此仇，徒以人心渙散，加之武器缺乏，一時未敢冒動，乃與村中志士李華英、李夢芝、李師儉、李鳳翔、劉思讓、田鳳岐、李鎮海等及衛莊劉克儉等聯合韓莊里冊等村青年，詳加計劃，組織紅學會以期待機殺敵。時十五軍馬旅奉令下山，召集附近村民會議，宣佈軍民合作共同致敵之意，藏信乃與各村領袖、劉學信、劉克信、衛有祿、梅煥文、靳五魁等前往參加，並請求借給手擲彈多顆，會後各自歸村，發動民眾加強團結。十二月中旬該部招開二次會議，思中、藏信等復間道前往，力陳襲敵之意。會畢，三八七團派便探趙某隨之歸村，將敵寇駐紮處所、出入道路、步哨位置，詳密繪圖以歸。二十三日晚，藏信、克儉等復至團部，深夜集議，規定於二十六日夜半，由張團長率隊自外攻擊，衛莊韓莊里冊等村同志協助，藏信帶村民為內應，擔任破壞交通鐵絲網攻打西北門之責，議定，異日藏信即偕陳營附回村，考查暴敵行動。時敵因我軍破壞義溝橋，故戒備綦嚴，陳營附深恐於事無濟，乃偕李華英回團報告。二十六日，團部復使陳李回村，擬改前約，另擇日期，行至韓莊，與南柳村志士劉學信相遇，告明歸意，學信亦熱血青年，數月來為殺寇事日夜奔走，辛勞異常，驟聞變更日期不禁勃然大怒，立即與張團長去函，堅持前約，並謂不得以民命相戲，陳營附乃返團部，決定仍如前議進行，使李華英回村報告。藏信、思中接信後，即招集同志分配工作，指定三人破壞鐵絲網作為進路，五人攻打北門，作為出路，五人攻打西門，三人擊殺衛兵，四人分別毒狗，並派有力青年分別埋伏於日寇所駐院內，以作內應，十四人擔任引路之責，李華英專任破壞電線，部署既定，即分別預備。至晚張團長率部至村外，與劉克儉、衛有祿所率之衛莊韓莊里冊三村志士相會合。至夜半，信號一聲，內外部隊部人民皆依預定計劃執行任務，一時砲聲隆然，喊殺之聲驚震天地，敵寇因之無備，故皆驚慌失措，而我方則皆勇氣百倍，攻入戰內展開巷戰，劉克儉攻入城內，因復率眾殲敵突中彈身亡，梅耀嶺見狀，急負劉屍出城。攻北門之際，因頑敵強抗，劉思中奮不顧身，擲彈中五枚，亦中彈而亡，經田鳳歧繼續擲彈二十餘枚，始將殘敵沖散，李效讓攻打西門，殺敵三名，奪槍三支，李永昌、李善祥、李解智等因其院內寇兵伏而不出，乃舉火焚燒，使房屋與寇同歸於盡。混戰時許，敵寇數十名皆遭殲滅，而趙營附亦身負重傷，李振海乃負之出城。事定，因恐敵寇拂曉開來報復，村中參戰家屬皆倉卒離村遠避他鄉，次日絳縣敵果至，南喬野村復淪寇手，終計殉難志士為李夢芝、李師儉、李鳳翔、劉思中、劉思讓、劉克儉等六人。而其他報國志士，亦多作異鄉飢餓，藏信避難他村後，因敵寇未滅家鄉淪歿，致積憤成疾，於次年身亡。

第二戰區軍政首長小傳

第二戰區軍政首長小傳

第二戰區司令長官　閻錫山

閻司令長官名錫山字伯川，民國紀元前二十九年生於山西五台縣之河邊村。弱冠，蒿目時艱，毅然以改造國家為己任。初入太原武備學堂，繼而東渡日本，入士官學校。在東京識孫總理中山先生，加入中國同盟會，從事革命工作。年二十七返國，任山西新軍第二標標統，祕密策動，圖覆滿清，辛亥十月二十九日領導三晉軍民舉義旗，光復山西。民國元年任山西都督，旋改任督軍。民國六年兼任山西省長，倡導軍國民主義，以固國本，推行六政三事，創立村政。數年之後，闔勁謐然，家給人足，中外共譽山西為模範省。當北洋軍閥內鬨之際，獨保境安民，簡練部伍，陰植北方革命軍基礎。十六年秋，舉青天白日旗出師東向，策應北伐，翌年夏，克復平津，完成全國統一。此後歷任中國國民黨中央執行委員，國民政府委員，第三集團軍總司令，平津衛戍司令，中國陸海空軍副總司令，蒙藏委員會委員長，內政部部長，軍事委員會副委員長，太原綏靖主任等職。老成謀國，深心獨運，允稱國家柱石。九一八事變後，痛寇患日深，高呼「自強救國」，確定十年建設計劃慘澹經營，支撐華北危局。民國二十五年九月，敵偽犯綏，乃以守土抗戰昭示軍民，一舉而收復百靈廟，敵燄為遏。抗戰以還，任第二戰區司令長官，統率全區軍民，與敵搏鬥，五六年來，始終未離防地，軍和民悅，士氣振奮，西北賴以屏障。性好思，喜研究，嘗著眼於人生社會問題，發為唯中學說，及物產證券按勞分配主張，著述等身，皆極精闢。治事有方，不憚繁劇，宵旰勤勞，數十年如一日。生活簡樸，痛斥浮華，對建設事項則不惜鉅貲。今年六十，雖鬚髮斑白，而精神奕奕如青年。

山西省政府主席　趙戴文

趙戴文，字次隴，民國紀元年前四十五年十一月三日，生於山西省五台縣之東冶鎮。少慕清儒陸隴其之為人，故號次隴。讀書重實用，厭帖括，初入晉陽書院從欒平李菊圃先生遊，既而調入令德堂，受業於孝感屠梅村先生，愈肆力於心身性命，經世致用之學，根柢始固。民國前四年，東遊日本，入東京宏文學校師範班肄業，對於當時國際大勢，及東西學術，皆有深切之認識，而革命思想亦自此發生。返國後，從事教育，密佐閻公伯川策動三晉革命事。亥辛太原首義，贊襄甚多。民國五年任山西督軍公署參謀長。六年任陸軍第四混成旅旅長，治軍之暇，兼及教育文化事業，如主辦育才館、國民師範學校、洗心社等事，皆本所學，殷懃迪訓，三晉青年，景行共仰，士風為之丕變，人心愈益淳樸。民國十七年任國民政府行政院內政部部長，十八年任國民政府監察院院長，惟勤惟慎，夙夜在公，一掃已往泄沓之習。二十五年，任山西省政府主席，就職伊始，即以整頓吏治，組訓民眾為示，雷厲風行，不數月而全境歙然。抗戰後，以將近八旬老翁，奔馳前方，辛勤刻苦，卓爾不拔。恆以孟子「舍生取義」之說，為各級幹部講解，以激發忠義之氣。平生喜治孟子、學庸兼及佛經，究澈性命，深參釋氏，凡發於言，必躬行而實踐之。今年七十有六，道貌岸然，聲如洪鐘，蓋由和順積中，故英華發於外也。所著有孟子學術一卷，軍事講演錄共八篇一卷，甲種問答一卷，清涼山人文稿上下兩卷，講演錄四卷，周易序卦說一卷，均行世。宇宙緣起說稿待刊。現兼任中國國民黨中央執行委員會執行委員，國民政府委員，山西省黨部主任委員，戰區黨政委員會第二戰區分會副主任委員等職。

第二戰區副司令長官　楊愛源

楊愛源字星如，山西五台縣人。清末，由保定陸軍軍官學校第一期步科畢業。服務晉綏軍，凡三十年有餘，自偏裨以至專帥，無不恭謹將事。律己嚴，待人寬，精究韜略，有儒將風，閻公伯川依之如左右手。民國十七年，任察哈爾省政府主席，調和蒙漢情感，肅清邊塞匪類，在職年餘，政聲蜚然。民國二五年晉陸軍上將，蒙國府累授二等雲麾章、二等寶鼎章。抗戰後，初任第六集團軍總司令，指揮所部，轉戰南北，弗餒弗驕，功績昭然。民國二十八年晉升第二戰區副司令長官，佐閻公統攝全區軍事，策畫籌謀，多中肯綮，現年五十有七。

第二戰區司令長官司令部參謀長　郭宗汾

郭宗汾字在陽，河北省河間縣人，現在四十二歲。幼年從軍，壯遊日本，卒業於日本士官學校第十四期工兵科。民國十二年返國，正值國內軍閥鬥爭，獨山西軍政修明，因往歸焉。歷任山西督辦公署各級參謀，晉綏軍總司令部少將參謀處長，國民革命軍北方總司令部中將參謀長，兼國民政府軍事委員會中將委員等職，運籌決策，咸中機宜。北伐告成，轉任第三集團軍第十九師師長，旋因國軍縮編，改任陸軍三十三軍六十九師二零三旅旅長，指揮兵工築路，成績卓著，二十五年升任七十一師師長。綏東抗戰後，兼任山西公路督修處總辦，一年之中，完成公路五千餘里。七七事變後，轉戰團城口、盟膽、文水等處，屢挫頑寇。嗣以功擢升三十三軍軍長，旋調任四十三軍軍長，三十年秋，任第二戰區長官司令部參謀長。

第二戰區司令長官司令部祕書長　王謙

王謙字尊光，山西大同縣人，現年四十七歲。民國十一年，畢業於山西省立法政專門學校。初任山西浮山縣承審員。聽斷明決，考績列上等，升充山西省公署村政處考核股主任。任職三年，建樹甚多，為上所賞，累加擢遷。自此歷任國民革命軍第三集團軍總司令行營政務組組長，綏遠省政府祕書長，山西省政府禁煙考核處處長，山西省政府委員兼祕書長等職，皆以幹練稱。抗戰以還，追隨閻司令長官，崎嶇戎馬，艱苦與共，所有全戰區之軍實籌儲，餉糈調度，以及經濟計劃，皆出其手，無不得宜。閻司令長官譽其「潔己奉公，堪為世師」。三十年八月調任長官部祕書長，今仍任是職。

陸軍第七集團軍總司令　趙承綬

趙承綬，現年五十一歲，山西省五台縣人。現任陸軍第七集團軍總司令，於一九一一年，年二十時，即參加辛亥革命，民國成立後，入保定陸軍軍官學校，畢業後即在軍界服務，一九二七、一九二八年間任師長，曾參加國民革命軍北伐戰役，九一八事變後，於一九三三年在騎兵軍長任內，曾參加長城抗日戰役，一九三六年參加綏東抗日戰役，七七事變後仍繼續抗戰。

陸軍第八集團軍總司令　孫楚

孫楚字翠崖，山西解縣人，現年五十三歲。保定陸軍軍官學校第一期步科畢業。從軍垂三十年，自排長漸升至軍長，凡晉綏軍參預之戰役，無不躬與。或衝鋒陷陣，或獨當一面，每能轉危為安，轉敗為勝，其足智多謀，夙著同曹。思慮縝密，勤讀不懈，對兵器學、戰術學皆有深切之研究，故晉綏軍之整訓指揮等事，多屬擘畫。民國二十五年，蒙國府晉授陸軍中將，任陸軍第三十三軍軍長，抗戰後兼第六集團軍副總司令，轉戰平型關、東陽關及晉西各地，迭殲頑寇，辛勤備至。廿八年任第八集團軍總司令，今仍是職。

陸軍第十三集團軍總司令　王靖國

王靖國字治安，世居山西省五台縣新河村，生時父已去世百日矣，遺產甚薄，依母針工為生。年七歲即立志求學，以圖上進，於民國七年由保定軍官學校畢業，歷任連營團旅師軍長，兼任綏遠全省警備司令、綏區屯墾會辦、綏遠省黨部委員，現任十三集團軍總司令。於二十八年奉閻司令長官委為第二戰區幹部集訓團副團長，訓練各級幹部近兩萬人。在辛亥革命時即參加革命，於討袁洪憲復辟及北伐各戰役均經參加。自抗戰以來，不惟在各戰役特樹戰績，尤對總理遺教、總裁言論及閻司令長官主張，莫不竭盡心力發揚光大，■■抗戰之必勝，建國之必成。

陸軍第七集團軍副總司令　彭毓斌

彭毓斌號紹周，現年四十二歲，湖北黃陂籍。民國八年，由保定軍校六期騎科畢業後，分撥山西，歷充山西學兵團排長，山西督辦公署主任參謀，第三集團軍騎七旅旅長，騎四師師長等職。二十一年國軍縮編，改充騎三旅旅長，二十五年以剿王道一匪寇有功，於九月升任騎兵第一師師長。綏東之役，殲敵偽千餘於紅格爾圖，蒙中央頒獎四等雲麾寶鼎各勳章，二十六年五月晉升陸軍中將。七七事變後，出擊察北，迭克商都尚義各地，嗣以戰略關係轉戰於雁門廣武一帶，每予敵以重創。二十七年春任教導師師長，翌年升任三十四軍軍長，屏障呂梁，維護吉鄉，厥功最偉，曾蒙中央傳令嘉獎。二十九年冬調任第七集團軍副總司令兼山西省政府第二行署聯合辦事處主任，駐節汾南，與敵反覆搏鬥，數年來始終弗懈。

山西省政府委員兼民政廳廳長　邱仰濬

邱仰濬字瀹川，山西沁縣人，年四十七歲。山西省法政專門學校及日本明治大學畢業。歷任山西大學政治學教授，山西省五台縣縣長，平津衛戍總司令部總務處處長，山西省政府委員兼民政廳廳長，晉綏財政整理處處長。民國二十五年，再任山西省政府委員兼民政廳廳長。

山西省政府委員兼財政廳廳長　王平

王平號均一，山西省隰縣人，年四十七。山西省法政專門學校畢業，曾任山西沁水高平等縣縣長，河北省政府及山西省政府祕書長，蒙藏委員會駐平辦事處處長，山西省經濟建設委員會祕書長。現任山西省政府委員，兼財政廳廳長併兼財政部山西省田賦管理處處長。

山西省政府委員兼建設廳廳長　關民權

關民權字芷萍，山西解縣人，現年四十二歲。幼家貧，連城師範學校畢業後，即獻身教育界，河東青年之出其門者甚多。民國十四年至太原，加入中國國民黨，從事革命運動。十六年主編太原民話日報，以犀利之筆鋒，鼓吹三民主義。後歷任山西省黨部青年部祕書兼黨報編輯，山西省政府村政處祕書主任，山西省建設廳祕書主任等職。案無積牘，且有餘力兼及新聞事業。抗戰後任第七區行政督察專員，駐中條山，協助國軍與號稱掃蕩之敵搏鬥十餘次。二十九年秋升任山西省政府委員兼建設廳廳長。

山西省政府委員兼教育廳廳長　薄毓相

薄毓相，號右丞，山西省定襄縣人，現年三十八歲，國立北平師範大學校物理系畢業。在太原執教七年，循循善誘，培育青年甚多。民國二十二年，始受知於太原綏靖主任閻伯川公，初任侍從祕書，旋遷參事。二十四年冬，任山西全省公道團總團部祕書主任，事屬創舉，多資擘畫，山西之民眾組織，從此奠其基礎。二十七年任山西省政府委員，旋兼任山西省黨部執行委員，第二戰區黨政分會委員，第九區行政督察專員等職，始終站在前線與敵堅決奮鬥，三十一年冬任山西省政府教育廳廳長。

山西省政府委員　王懷明

王懷明，字念文，年五十歲，山西省新絳縣人。山西省立法政專門學校法律科畢業，美國西北大學法學院畢業，取得法學碩士學位。曾任山西大學教授，國民革命軍北方總司令部機要股股長，山西高等法院第二分院院長，國民政府內政部參事，太原綏靖公署軍法處處長，山西省政府委員兼教育廳廳長，山西省黨務執行委員，現任山西省政府委員，兼第二戰區組政軍教主持會議委員，及戰地黨政委員會第二戰區分會委員。

山西省政府委員　李江

李江字冠洋，現年三十九歲，山西靈邱縣人，國立北京大學文科畢業。民國十二年參加國民黨，矢志革命，努力祕密工作。北伐前後奔走南北進行黨務，曾任山西省黨部執行委員兼宣傳部長，中央黨部訓練委員，平津察綏黨務督察專員等職。民十八後，追隨閻公襄辦北方黨務，除闡揚三民主義外，並篤信物勞學說中的哲學，著述宏富、皆切時弊。民國二十四年，任太原綏靖公署少將參事，對於山西組訓民眾等事，貢獻良多。抗戰後，被任為山西省府委員，兼山西省黨部執行委員，第二戰區黨政分會委員，始終站在國防最前線，與敵奮鬥。

山西省政府委員　梁敦厚

梁敦厚字化之，山西定襄縣人，現年三十七歲。民國二十年卒業於山西大學文學院。少年英銳，喜事民運工作，深為三晉青年所親近，民國二十五年任太原綏靖公署上校祕書。抗戰初起，任第二戰區行營政治處處長，對於山西總動員事，畢力赴之，勞怨弗辭。二十七年，任山西省政府委員兼第二戰區政治部副主任，山西省黨部執行委員，中國國民黨中央黨部三民主義青年團幹事，軍委會戰地黨政委員會，第二戰區分會委員等職。

山西省政府委員　白志沂

白志沂，山南靈邱縣人，現年三十二歲。山西法學院畢業，秉性耿直勇於負責，年十六即從事革命工作，曾辦理西北導報社，及山西農村合作研究社，成績皆斐然可觀。抗戰後，歷任岢嵐縣長，騎一軍政治主任，山西第十區行政督察專員等職，出入敵後，擴我政權，深為閻司令長官所嘉許。三十年任山西省政府委員，今仍是職。

山西省政府祕書長　甯超武

甯超武，字子高，號軼愚，一號樸齋，山西忻縣人。民國五年入山西大學，民國九年入日本慶應義塾大學文學部哲學系，十六年入研究院研究二年。終了歸國後，翌年任國民政府內政部土地司科長，二十一年任太原綏靖公署少將參事。抗戰軍興，隨節轉進，二十八年改任第二戰區司令長官辦公室中將主任，三十年六月調山西省政府祕書長。

山西省政府委員　徐士珙

徐士珙，山西五台縣人，民國二十年卒業於日本東京鐵道省教習所土木科，返國後任山西晉華紡織公司協理。二十六年冬太原淪陷，晉華紡織公司倉卒未及內遷，珙隨軍輾轉，亟亟以興建戰時工業為務。二十八年春，奉閻司令長官命籌組第二戰區經濟建設委員會，旋被任為會中祕書長，綜理一切，努力經營，歷年來先後開辦工廠十餘處，所產品物盡以供給前方軍用。三十年二月升任山西省政府委員，復被簡派為行政院第二戰區經濟委員會委員。三十一年六月兼任第二戰區經濟作戰處處長。

山西省政府委員　杜任之

杜任之，山西萬泉縣人。民國十五年卒業於北平師大附中高中部，翌年入上海復旦大學肄業，值國民革命軍北伐至上海，遂參加革命工作。十七年冬赴德遊學，曾在哥廷根大學、福爾布大學及茀朗克府大學攻讀社會、經濟、哲學等科。越五年返國，任太原綏靖公署祕書，山西大學教授，同時主辦中外語文學會，編輯中外論壇，介紹各國名著，發動愛國運動。七七事變起，任太谷縣縣長兼辦晉中六縣總動員事。二十八年春，任民族革命大學教務主任，團結各省青年數千人，從事抗戰工作，著有民族革命戰爭的戰略問題、民族革命與民族革命戰爭、民族革命教育的理論與實施等書。三十年任山西省政府委員，恆至前方視察督導戰地工作。

民國史料 63

閻錫山故居所藏第二戰區史料
第二戰區之過去與現狀

Historical Documents of the Second Theater in the Yan Hsi-shan's Residence

The Past and Present of the Second Theater

編　　輯　民國歷史文化學社編輯部
總 編 輯　陳新林、呂芳上
執行編輯　林弘毅
封面設計　溫心忻
排　　版　溫心忻
助理編輯　詹鈞誌、劉靜宜

出　　版　開源書局出版有限公司
香港金鐘夏慤道 18 號海富中心
1 座 26 樓 06 室
TEL：+852-35860995

民國歷史文化學社 有限公司
10646 台北市大安區羅斯福路三段
37 號 7 樓之 1
TEL：+886-2-2369-6912
FAX：+886-2-2369-6990

http://www.rchcs.com.tw

初版一刷　2022 年 5 月 31 日
定　　價　新台幣 350 元
港　幣　95 元
美　元　13 元
I S B N　978-626-7157-07-7
印　　刷　長達印刷有限公司
台北市西園路二段 50 巷 4 弄 21 號
TEL：+886-2-2304-0488

資料提供：臺北市政府文化局
閻伯川紀念會

國家圖書館出版品預行編目 (CIP) 資料
閻錫山故居所藏第二戰區史料：第二戰區之過去與現狀 = Historical documents of the second theater in the Yan Hsi-shan's residence : the past and present of the second theater/ 民國歷史文化學社編輯部編輯 . -- 初版 . -- 臺北市：民國歷史文化學社有限公司 , 2022.05

面；　公分 . -- (民國史料 ; 63)

ISBN 978-626-7157-07-7 (平裝)

1.CST: 中日戰爭　2.CST: 史料

628.5　　111007207